“品读南京”丛书

丛书主编
徐宁

读南京

薛冰 著

南京出版社
南京出版传媒集团

图书在版编目（CIP）数据

读南京 / 薛冰著.—南京：南京出版社，2017.7
（品读南京）
ISBN 978-7-5533-1766-3

Ⅰ.①读… Ⅱ.①薛… Ⅲ.①南京—地方史 ②文化史—南京 Ⅳ.①K295.31

中国版本图书馆 CIP 数据核字（2017）第 088681 号

丛 书 名：品读南京
书　　名：读南京
丛书主编：徐　宁
本书作者：薛　冰
出版发行：南京出版传媒集团
南 京 出 版 社

社址：南京市太平门街53号　　邮编：210016
网址：http://www.njcbs.cn　　电子信箱：njcbs1988@163.com
联系电话：025-83283893、83283864（营销）　025-83112257（编务）

出 版 人：朱同芳
出 品 人：卢海鸣
责任编辑：樊立文　章安宁
装帧设计：潘焰荣
责任印制：杨福彬

排　　版：南京新华丰制版有限公司
印　　刷：南京工大印务有限公司
开　　本：787毫米×1092毫米　1/16
印　　张：12.75
字　　数：186千
版　　次：2017年7月第1版
印　　次：2020年5月第2次印刷
书　　号：ISBN 978-7-5533-1766-3
定　　价：39.00元

南京出版社
图书专营店

总 序

徐 宁

南京，举世闻名的“六朝古都”“十朝都会”，作为首批中国历史文化名城，其本身就是一部书，一部博大精深的书，一部诗意隽永的书，一部文脉悠长的书，一部值得细细品读的书。

南京的历史，可以追溯到遥远的史前时代。汤山猿人的头骨化石，证明了早在60万年前，南京便已有人类活动。大约在1万余年前，文明的火种播撒到这里，新石器时代的人类在溧水“神仙洞”留下的陶器碎片，成为他们曾经生活在南京的证据。距今大约五六千年前，在中华文明方兴未艾之际，在南京城内的北阴阳营，出现了古老的村落，先民们开始了耕耘劳作的历史。回溯人类古老文明兴衰的历史，我们会发现，无论是埃及、巴比伦、印度，还是中国，文明的光辉都如出一辙地兴起于大江大河之滨。南京襟江带河，气候温润，土壤肥沃，得天独厚的地理环境自然而然受到先民们的垂青。早先的人类，或许没有想到南京之后的辉煌与壮美，他们只是凭着生存与繁衍的本能，选择了这一方水土。

虎踞龙盘形胜地

南京的山水形胜，用“虎踞龙盘”来形容最为传神。

南京占据了长江下游的特殊地理位置，东有钟山，西有石头山（今清凉山、国防园和石头城一带），北有覆舟山（今小九华山）和鸡笼山，南有秦淮河。从自然地理的角度来看，南京山水齐具，气象雄伟，符合古代堪舆“四象”的格局，是“帝王龙脉”之所在，诸葛亮所言“钟山龙盘，石头虎踞，此乃帝王之宅也”实非虚谈。从军事的角度来看，南京三面环山，一面临水，地势险要，易守难攻，尤其是南京城西北奔流而过的浩瀚长江，江面宽阔，水流湍急，在冷兵器时代无疑是一道难以逾越的“天堑”。从经济的角度来看，南京东连丰饶的长江三角洲，西靠皖南丘陵，南接太湖水网，北邻辽阔的江淮平原。交通便利，既有秦淮河舟楫之利，又有“黄金水道”长江沟通内外。同时，南京地处富庶的江浙与广袤的中原之间，利于互通有无，促进不同地域文化的交流。

民主革命的先行者孙中山先生在《建国方略》中赞美南京：“其位置乃在一美善之地区。其地有高山，有深水，有平原，此三种天工，钟毓一处，在世界中之大都市诚难觅如此佳境也。”

金陵十朝帝王州

正是这些优越的先天条件，让南京在中华文明史上显得如此与众不同——历史上曾有孙吴、东晋、宋、齐、梁、陈、南唐、明、太平天国以及中华民国十个王朝（政权）在此建都，人称“十朝都会”。

早在周元王四年（公元前 472 年），越王勾践命令谋士范蠡在中华门外长干里筑城，史称“越城”，标志着南京建城史的滥觞。公元前333年，楚威王熊商击败越王，尽取越国故土，并在石头山筑城，取名金陵邑，这是南京主城区设立行政建置的开端。公元 229 年吴大帝孙权正式定都建业（东晋南朝称建康，今南京），开启了南京建都的历史。此后，东晋、宋、齐、梁、陈相继定都于此，南京由此得名“六朝古都”。

五代十国时期，杨吴权臣徐知诰（即南唐先主李昪）于公元 937 年以金陵为国都，改国号为唐，史称南唐。1368 年，明太祖朱元璋在应天称帝，以应天为首都，改称“南京”，这不仅是南京之名的开始，也是南京第一次成为统一的全国性的首都。1853 年，洪秀全领导的起义军势如破竹，席卷半个中国，而他所建立的太平天国政权也定都于此，取名天京。1912年，封建帝制被民主共和的浪潮所终结，中华民国成立，而作为这个新时代的象征，孙中山先生便是在南京就任中华民国临时大总统，死后则葬于中山陵。此后，到了1927年，国民政府以南京为首都。1949年，中国人民解放军百万雄师过大江，解放南京，历史翻开了新的一页。

在中华文明发展的历史长河中，南京阅尽人间沧桑。仅从南京名称的变化，便可见一斑。古人曾赋予南京冶城、越城、金陵、秣陵、扬州、丹阳（杨）、建业、江宁、建邺、建康、白下、蒋州、昇州、上元、归化、集庆、应天、天京，以及石头城（石城）、秦淮、白门、留都、行都、陪都、南都、龙盘虎踞、江南第一州等名号。

纵观中国历史，定都南京的王朝（政权）屡屡在汉民族抵御外族入侵的紧急关头挺身而出，承担起“救亡图存”的责任与使命，成为中华文化的保护者、传承者、复兴者和创造者。在历史的关键时刻，如果没有南京这座城市作出牺牲、担当和贡献，中华文明的进程不仅难以延续，中华民族的历史也要重新书写。与同为我国“四大古都”的北京、西安、洛阳相比，南京在中华文化史上占有特殊的历史地位，富有独特的文化魅力。

江山代有才人出

在中国的古都中，南京堪称是英才辈出之地。一代代帝王将相，一代代文人骚客，一代代才子佳人，一代代高僧大德、一代代富商巨贾纷至沓来，或建都，或创业，或致仕，或定居……他们被南京的钟灵毓秀所滋养，又反过来为南京和中国民族谱写出一曲曲辉煌壮丽的篇章。

孙权、朱元璋、孙中山这样的开国伟人自不必说，他们的文韬武略，丰功伟绩，彪炳千秋；一代名将谢玄、岳飞、韩世忠、徐达、邓廷桢、徐绍祯，气吞山河，力挽狂澜，战功赫赫；一代名臣范蠡、诸葛亮、王导、谢安、刘基、曾国藩，励精图治，运筹帷幄，富国强兵，他们共同为南京乃至中华民族的和平发展与辉煌荣光奠定基石。历朝历代，南京这块沃土人文荟萃，群星璀璨，既有谢灵运、谢朓、鲍照、李白、刘禹锡、杜牧、李煜、周邦彦、李清照、辛弃疾、萨都剌、高启、纳兰性德这样的大诗人大词家，又有范晔、沈约、萧子显、裴松之、许嵩、周应合、张铉、解缙这样的史学家和方志学家；既有支谦、康僧会、葛洪、法显、僧祐、陶弘景、达摩、法融、文益、可政、宝志、太虚、达浦生、丁光训这样的宗教人物，又有萧统、刘勰、颜之推、李煜、焦竑、李渔、汤显祖、孔尚任、吴敬梓、曹雪芹、袁枚这样的文坛泰斗；既有皇象、王羲之、王献之、颜真卿这样的书法巨擘，又有顾恺之、陆探微、张僧繇、萧绎、顾闳中、王齐翰、董源、卫贤、巨然、髡残、龚贤、郑板桥、徐悲鸿、傅抱石这样的绘画名家。科学技术领域亦是人才济济。南朝时期祖冲之，在世界上第一次将圆周率值推算到小数点后第7位，比欧洲早了1000多年；明朝初年郑和从南京出发，七下西洋，乘风破浪，直抵非洲，成就世界航海史上的佳话，比哥伦布发现新大陆还要早87年，南京由此成为中国海上丝绸之路的重要城市。

诗词歌赋甲天下

古往今来，南京独特的山川形胜和丰厚的历史底蕴，给世人提供了不竭的创作灵感和源泉。在南京诞生或以南京为主题的诗词歌赋比比皆是。创作者不仅有才子佳人，更有帝王将相和外来使节。诗词歌赋的门类众多，既有乐府诗、游仙诗、边塞诗，也有山水诗、宫体诗、怀古诗以及各类辞赋，其中流传下来的大多是经典之作，南京因此有“诗国”之称。

南朝诗人谢朓《入朝曲》中的一句“江南佳丽地，金陵帝王州”，传唱千年，将南京定格为一座美丽的帝王之都。南宋女词人李清照《临江仙》中的“春归秣陵树，人老建康城”，表达出的则是对南京的无限眷恋。明朝开国皇帝朱元璋《燕子矶》中“燕子矶兮一秤砣，长虹作竿又如何？天边弯月是挂钩，称我江山有几多”，展现出了一位草莽皇帝唯我独尊的豪情。清朝画家郑板桥《念奴娇·金陵怀古·长干里》中“淮水秋清，钟山暮紫，老马耕闲地。一丘一壑，吾将终老于此”，则表达了对南京山川的无限热爱和归隐南京的愿望。毛泽东主席《七律·人民解放军占领南京》“钟山风雨起苍黄，百万雄师过大江。虎踞龙盘今胜昔，天翻地覆慨而慷”，彰显的是革命领袖豪迈的英雄气概。而明朝朝鲜使臣郑梦周笔下的“皇都穆穆四门开，远客观光慰壮怀。日暖紫云低魏阙，春深翠柳夹官街”，流露出的则是远道而来的客人对明代首都南京的由衷赞美。

南京更是一座常令世人抚今追昔、抒发胸中块垒的城市，历代以南京为题材的怀古诗佳作迭出。从唐朝诗人李白《登金陵凤凰台》中的“吴宫花草埋幽径，晋代衣冠成古丘”，刘禹锡《西塞山怀古》中的“王濬楼船下益州，金陵王气黯然收。千寻铁锁沉江底，一片降幡出石头”，到南唐后主李煜“四十年来家国，三千里地山河”；从宋朝宰相王安石《桂枝香·金陵怀古》中的“念往昔，繁华竞逐。叹门外楼头，悲恨相续。千古凭高对此，漫嗟荣辱。六朝旧事随流水，但寒烟衰草凝绿。至今商女，时时犹唱，《后庭》遗曲”，到元朝词人萨都剌《满江红·金陵怀古》中的“六代繁华，春去也，更无消息。空怅望、山川形胜，已非畴昔”，再到清代官员纳兰性德《梦江南》“江南好，建业旧长安。紫盖忽临双鹢渡，翠华争拥六龙看，雄丽却高寒”。这些诗词歌赋意境高远，讲述的都是盛衰兴亡。南京的诗词歌赋宛如一条淙淙溪流，千百年来，流淌不息。南京在为世人提供创作舞台的同时也成就了自己“诗国”的美名。

传世名著贯古今

南京这座古老的城市，给中国乃至整个世界，留下了一批又一批不朽的文化遗产。

文学方面，既有《世说新语》《昭明文选》《桃花扇》《儒林外史》《红楼梦》之类的巅峰之作，又有《文心雕龙》《诗品》之类的经典文艺理论和批评著作。史学方面，既有记录国家历史全景的《后汉书》《宋书》《南齐书》《元史》，又有专注于南京地方历史全貌的《建康实录》《景定建康志》《洪武京城图志》《首都志》《金陵古今图考》。书画方面，既有《古画品录》《续画品》之类的理论著作，又有《芥子园画谱》《十竹斋书画谱》之类的入门教材。宗教方面，既有不朽的佛教和道教典籍《抱朴子》《佛国记》《弘明集》《永乐南藏》《金陵梵刹志》，又有重要的伊斯兰教文献《天方典礼》《天方性理》《天方至圣实录》。科技医药等领域，既有《本草经集注》《本草纲目》之类的医药学名著，又有《首都计划》《科学的南京》之类的科技规划作品。

南京的传世名著文脉悠长，绵延不断。一部部南京传世名著，宛如一座座高峰，矗立在中国文化的高原上，让海内外世人叹为观止。

城市是文化的载体，文化是城市的灵魂。著名文物保护专家朱偰先生在《金陵古迹图考》中写道：“文学之昌盛，人物之俊彦，山川之灵秀，气象之宏伟，以及与民族患难相共、休戚相关之密切，尤以金陵为最。”南京在中国历史上创造了一个又一个辉煌和奇迹，南京外在的秀美与内在的深邃交织在一起所形成的独特城市气质，催生了南京人开明开放的气度和博爱博雅的蕴含，以及对这座城市深深的眷念和热爱。

文化是一个民族的精神血脉，是人民的精神家园。优秀传统文化是一个民族的根与魂。为了进一步培育和践行社会主义核心价值观，推进“书香南京”建设，我们决定编写这套“品读南京”丛书。丛书以分篇叙述的形式，向读者系统介绍 1949 年以前（个别内容延续到 1949 年之后）具有鲜明南京地方特色、又有国际影响力的南京历史文化“名片”。丛书以全新的视角和构架，运用最新的研究成果，点、线、面结合，全方位、多角度重现南京的历史文脉，展现南京在各个领域的创造和成就，将一个自然秀美、历史悠久、文化灿烂、人文荟萃的南京呈现给世界。

（作者系中共南京市委原常委、宣传部长）

目 录

前 言

南京是国务院公布的首批历史文化名城之一，与西安、洛阳、北京并称中国四大古都。

南京有着良好的自然山水组合优势。低山丘陵，平原沃土，江河湖泊，沙洲湿地，交互分布，构成了独特的地理风貌。亚热带湿润气候四季分明，雨量充沛，生态良佳，宜人生计。

五六十万年前，人类的祖先已经在这片土地上生活。五六千年前的新石器时期，我们的先人在此创建了原始村落。约2500年前，南京建城史拉开了序幕。约1800年前东吴建都，十朝更迭，作为都城的时间也有450年。南京人以自己的勤劳和智慧，建起了山水城林和谐交融的美丽家园，为传承和弘扬中华民族优秀文化，做出了卓越的贡献。

孙中山先生曾高度评价南京的地理环境："其位置乃在一美善之地区。其地有高山、有深水、有平原，此三种天工，钟毓一处，在世界中之大都市诚难觅如此佳境也。而又恰居长江下游两岸最丰富区域之中心……南京将来之发达，未可限量也。"

2016年6月公布的《长江三角洲城市群发展规划》中，南京被明确定义为唯一的特大城市，仅次于超大城市上海。规划要求提升南京中心城市功能，辐射带动周边城市发展。

在城市的引领与辐射作用中，文化是一个重要的因素。

城市文化，通常包括物质与精神两个层面。物质层面是精神层面生长的基础，而精神层面对物质层面的形成也会产生重要影响。鉴于两者相互促进又相互制约的关系，这一本《读南京》也分为两大部分。

上篇简要回溯南京城市的成长历程。2500年间，每一个建都时期，都曾对南京的城市建设和精神文化产生重大影响。相较于非建都时期的平缓发展，六朝、南唐、明、民国，也就成为南京城市史上的几个重要阶段。而在非建都时期，城市的生长往往更侧重于经济和文化。长干里在唐代的声名鹊起，就是一个显例。明代定都以后，南京城内明确的功能分区，逐渐演化为我们今天所面对的三大历史城区：明代宫城区、城南居民区和清凉山—鼓楼文化区，并由此生发出不同的城市文化层面，所以对这三大片区的来龙去脉，也分别作了梳理。同时，对于南京城市建设的历史经验，历史文化名城如何进行再度建设的问题，也作了一定的思考和探索。

生长于都市中的居民，其生活方式、行为方式、思维方式，必然会受到城市环境的影响，由此产生的文化成果，也就会打上鲜明的城市标记。南京城悠久的历史文化底蕴，催生了丰硕的精神文化产品，尤其在六朝、明代与民国时期，更是百花竞艳，出现了多项具有领先地位的成果。

下篇从学术氛围、文化视野、人才优势、文化经典、艺术精华、科技成就、名胜建筑、非遗技艺等方面，简要介绍南京杰出的文化成就，并提炼、归纳为多元共生、和谐瑰丽的文化特色和优势。

如果说2500年城市发展史是坐标系的纵轴，那么分门别类的精神文化成果便是坐标系的横轴。本书力求以这样一个坐标系，为读者朋友展示一幅较为完整、清晰的南京城市文化图卷。不过，古人有言“纸上得来终觉浅”，“读万卷书”还须“行万里路”。朋友们倘有机会身临其境，行走于南京的“山水城林”之间，当更能领略“人文绿都”的丰神逸韵，而这本《读南京》也可以作为深度游赏的一个导览和指南。

上篇

十朝都会　文化名城

文明的曙光

小时候，听爷爷奶奶讲故事，常常这样开头：“很久很久以前，有一个……”

这个很久很久以前的故事，爷爷奶奶是从他们的爷爷奶奶那里听来的。他们都不是故事的亲历者。但正是这朴素的讲述，代代相传，延续了不可或缺的民族记忆。

一座城市，也有它的“很久很久以前”。

就像爱一个人，会去了解他的前世今生，爱一座城市，也会很想洞察它的“很久很久以前”。

我们的家园南京，是举世闻名的历史文化名城，其历史的开端是在哪里？文明曙光初现之际，它会是什么模样？先民们在这里经历了什么样的生活？最初的城市雏形又是如何形成的？

时间的长河已经流逝得太远，没有一位亲历者能为我们讲述这一切。有幸的是，现当代的考古工作者，揭开了帷幕的一角。

人类对于南京这片土地的认识，开始于60万年之前。

1993年3月，在南京江宁汤山镇雷公山葫芦洞中，出土了两件猿人头盖骨化石，一件属于成年女性，一件属于成年男性。随后的考古发掘中，又出土了一枚猿人牙齿化石。这一发现将南京地区古人类活动的历史，一下推前了五六十万年。在此之前，我们只知道溧水回峰山北麓神仙洞中，有距今11000年左右的古人类活动遗址。尽管两者之间相隔着难以想象的漫长岁月，南京人老祖宗的居住环境却说不上有什么进步，都是住在天然形成的石灰岩溶洞里。他们还只能顺应自然条件以求生存。

但是这两项发现，在中国文明史乃至世界文明史上，都具有重要的意义。溧水神仙洞中，发现了迄今为止最为古老的陶片，而且有着完整的地层层位记录。陶片是新石器时代文化的重要标志，这一发现，把中国新石器时代文化的肇端，上推到11000年前，不仅为陶器发展史研究提供了重要线索，证明了长江流域与黄河流域都是中华民族古文化的摇篮，而且也证明了中国有着比古埃及、古巴比伦、古印度更为古老的新石器时代文化，在世界四大古文明中理应位于前列。

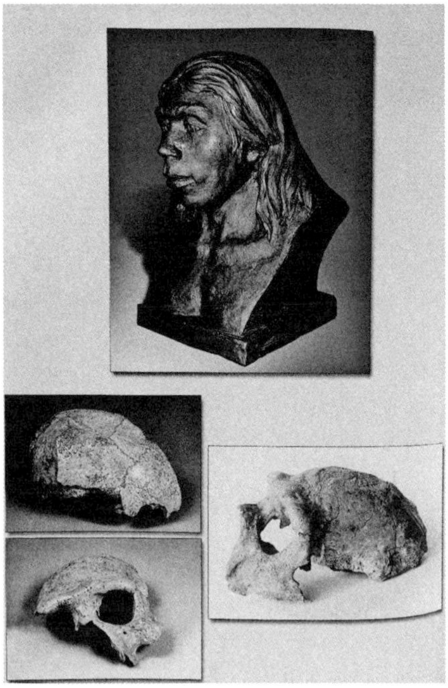

《南京简志》中的汤山猿人头骨化石及复原图

科学界认为，人类的进化，历经古猿、直立人（俗称猿人）、智人、现代人四个阶段。江宁汤山葫芦洞发现的一号头盖骨，属于距今五六十万年的猿人，二号头盖骨则属于距今24万年至5万年间的早期智人，两块化石出土地相距仅5米。而在同一化石点发现两个人种，全世界只有南京这一处。溧水神仙洞发现的成年女性颞骨化石，属于距今50000年至11000年间的晚期智人。而且南京周边地区还发现过古猿化石和现代人化石。人类进化史上的几个环节在这里都有所发现。这些都充分证明了长江流域是中华民族的发祥地之一，也为部分学者主张的人类多地起源理论提供了依据。

人类在南京地区的早期建设活动，出现于距今五六千年的新石器时代。这时，先民的居住状态发生了很大的变化，形成了较为密集的原始聚居地，分布在秦淮河流域、玄武湖（古桑泊）迄东至栖霞山、长江两岸直到六合的滁河流域等地区。发展到距今3000年左右的青铜时代（相当于中原西周初期），可考的原始村落已有200多处，而以秦淮河中游江宁湖熟一带最为集中，多达百余处，所以考古学界以“湖熟文化”命名这一时期的古文化遗址。此外长江北岸原江浦县境内也有68处，原六合县境内还有7处。这些遗址，如秦淮河流域的点将台、船墩、磨盘山、梁台、老鼠墩、前冈、神山头等，从地名就可以看出，它们的一个重要共同点就是处于较高的地势，所以考古学上又将它们称为“台形遗址”。尽管那一时期完全没有留下文字记载，但考古发掘成果，使今人对于这

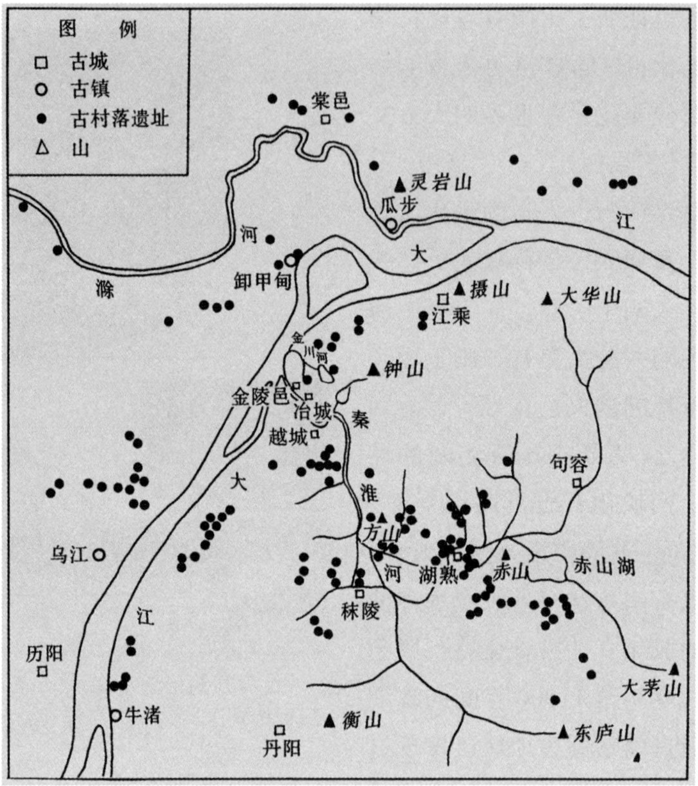

古城邑和原始村落遗址分布图

些原始居民村落，可以有相当明确的了解。当然也因为这些原始村落的结构相对简单，解剖若干，就可以推断其余，依其规律，能够大致勾勒出当时社会的生活场景。

新石器时代，能够作为南京地标的，大约只有自然的山陵江河：东面的钟山及其余脉富贵山、覆舟山、鸡笼山、鼓楼冈，西面的石头山及其余脉五台山、冶山、马鞍山、四望山，南面的石子冈（雨花台）、越台、凤台山和宝塔根、赤石矶，北面的狮子山、幕府山和栖霞山；长江、淮水（秦淮河）、玄武湖、滁河。甚至连它们的命名，也是数千年以后的事情了。我们只能借助于这些后出的地名，以方便叙述和阅读。

当时南京地区水域的分布远远大于现代，长江的东岸大致在今天的外秦淮河一线，入海口近在扬州、镇江一带，故而南京地区会直接受到海洋潮汐影响。秦淮河宽达数百米，由东南而来，浩浩荡荡穿过今天的南京城区：一支西行，在石头山与凤台山之间汇入长江；一支过淮青桥后北行，经大行宫、浮桥，在鸡笼山和覆舟山之间的垭口钻出，折向西北，沿今金川河下游一线，在狮子山东侧进入长江。所以玄武湖和金川河都曾是秦淮河入江水道的一部分。就此而言，秦淮河当之无愧是南京的母亲河。

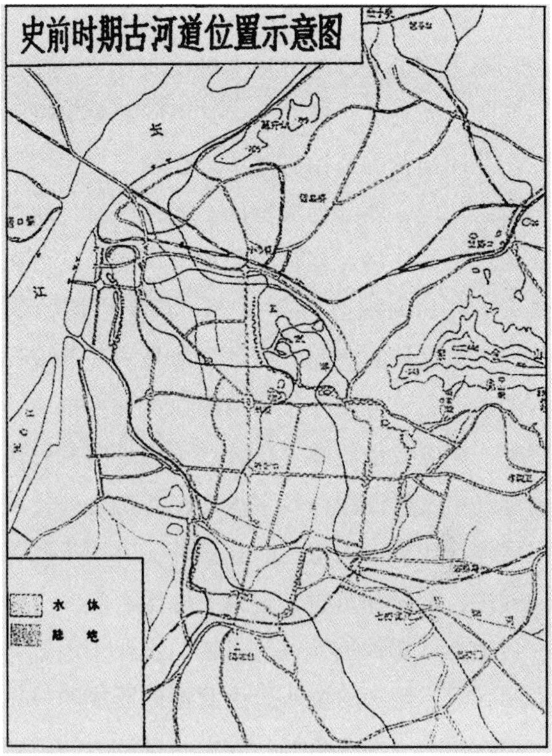

《南京城市规划志》中的史前时期古河道位置示意图

从鼓楼冈到鸡笼山、覆舟山、钟山，都是茂密的原始森林和灌木，林间生活着斑鹿、麋鹿、豪猪等多种野兽。山冈的周围，则是大片的湖泊和沼泽湿地，水中生活着鱼、蚌、龟、鳖。从玄武湖往西到金川河流域，是一片汪洋，其南岸直抵鼓楼冈下。就在鼓楼冈西侧、云南路南口的北阴阳营，发现了南京主城区内时代最早的新石器文化遗址，被考古学界命名为“北阴阳营文化”。遗址长约150米，宽约100米，发掘时还高出平地约7米。在大约10000平方米的范围内，有厚约4米的文化层堆积：表土层下面，自上而下分为三个文化层，第一层属湖熟文化；第二层距今约3800年到3500年，相当于中原商代早期；遗址的主要部分是第三层，属五六千年前新石器时代的文化堆积，有学者认为可归属以太湖地区为中心的马家浜文化。这就证明，在长达3000年的岁月里，几度有人类在此地生活。

先民们选择这山水密林之间的一个椭圆形台地，作为他们的安身立命之所，是因为那几千年中，人类改造自然环境的能力仍很微弱，只能顺应自然，趋利避害。近水而居，一是生活用水和鱼、蚌等食物容易取得；二是在附近较低一级的台地上种植农作物，排水、浇灌都方便；三是水上交通便利。而高居台地之上，又可以避免水淹之灾，满足安全需要。

北阴阳营的原始村落中，已经出现了不同功能的分区结构，大体是东部为居住区，西部为墓葬区。居住区有一块供公共聚会活动的中心场地，家族成员的住房环绕在中心场地周围，这可以算是南京最早的建筑秩序。最大的住房面积达 35 平方米，墙壁以植物茎干编为支柱，再抹上草泥，并加以烘烤使其坚固。房顶可能是用茅草或树皮覆盖，以遮蔽风雨。而室内的地面，不但用掺沙拌草的白泥抹平拍实，而且经过火焙，变得干燥而坚硬，能有效地防潮。这大约可以算南京先民最早的住宅装修活动。可能因为江南气候温暖，灶室另建在住房之外，或圆形，或方形，也是南京先民居住区域的一大特色。在室外还有用于储藏的窖穴。按照西方人类学家的理论，贮藏和定居，是属于原始人类的一种特性。在村落南边稍低一级的台地上，有种植稻谷等作物的农业用地，有养猪和牛的畜牧场地，还有磨制石器、制陶的场所。由此逐渐形成的村庄秩序而产生的稳定性，家园保护作用带来的安全感，人力与自然力的相对统一，正是人们依恋故园、旧居的原因。今人所谓乡愁，其深刻的心理渊源也在于此。

北阴阳营遗址及考古发掘现场

从考古发掘的结果来看，湖熟文化作为江南地区的土著文化，虽然较多地受到中原文化的影响，但这一时期的经济发展与社会分工，不但难与中原地区相比，就是与江南的吴、会稽等地区相比，也是较为落后的。即以青铜器为例，湖熟文化遗址中仅发现青铜箭头和小刀、鱼钩等小件青铜器，还没有出现青铜容器和戈、矛等大件兵器，更不用说鼎、彝之类的大型礼器了。也就是说，直到湖熟文化时期，南京地区的经济文化发展，还没有达到能促使国家和城市产生的程度，也无法阻挡周边地域文化向这一地区的扩张。

城市的萌芽

大约在公元前 12 世纪，中原周人的势力扩展到长江下游。周太王古公亶父的长子泰伯和次子仲雍“奔荆蛮”，在江南相对发达的太湖流域吴地，与当地土著共同建立了吴国，而周人带来的相对先进的中原文化，也促使吴文化趋于更快发展。公元前 1122 年，周武王封泰伯、仲雍的后人周章于吴地，正式确立了这个诸侯国的合法地位。南京地区是吴国的属地。稍后，长江中游的楚国逐渐强盛，不断向东扩张，其前锋也达到了南京地区。古人形容南京的位置是“吴头楚尾”，生动而形象。

在早期的吴、楚相争阶段，南京地区处于双方争夺拉锯的前沿，所以吴国和楚国在此都没有进行开发建设。南京地区最早的行政建置出现在长江北岸，公元前 6 世纪，楚国在今六合滁河下游一带，建立棠邑，并曾任命伍员（子胥）的兄长伍尚为棠邑大夫。据说棠邑是有城的，但其址已不可考。这座古城的规模范围不会太大，只相当于边境地区的军事堡垒，兵家必争，所以在吴、楚、越三国的争战中屡屡易手。

而在长江南岸，据现存史料分析，可以看出南京地区的早期开发，呈现着由南往北逐步推进的趋势。如果说湖熟文化与太湖地区良渚文化、中原地区商周文化之间的相互关系，是一个复杂的问题，那么在吴、楚相争时期，南京地区更多地受到吴文化的影响，应该是没有疑问的。此后数百年间，直到东晋建都，南京地区都被归入吴文化范畴之内。

吴国的首都在今天的苏州地区，环太湖的无锡、常州一带是其开发重心。吴国和楚国早期的争战地点，是江宁东南的衡山（今通称横山）和镇江的丹徒。直到周景王四年（公元前 541 年），吴国的开发建设第一次推进到固城湖北岸，在溧水西南 90 里今固城镇建濑渚，也称濑渚邑，同时在固城湖畔筑成周长 40 里的相国圩，“筑土御水，而耕其中”，由自然垦殖进入围垦种植，标志着南京地区农业生产的一个新阶段。同时，从伍子胥奔吴途中在濑水旁遇到浣纱女子的记载看，当地的纺织业也已有一定基础。濑渚是一个防御楚国侵袭的军事据点，并且很快就成为楚国攻击的目标。第二年，吴国就不得不在西面的陵平山上另建邑城，称陵平邑，但不久也被楚国攻占，易名平陵。

吴楚相争，吴越争霸，是江南地区早期发展史中的重要事件。吴国曾灭越抑楚，一度王霸天下，终因穷兵黩武，在周元王三年（公元前473年）被复兴的越国所灭。吴国的领土都成了越国的疆域，而南京地区则成了越国与西方楚国、北方齐国对峙的前锋。灭掉吴国的第二年，雄心勃勃的越国，首次将军事据点向北推进到秦淮河南岸，修建起越城。

传说越城是辅佐越王勾践灭吴的名臣范蠡所修，所以又被叫作范蠡城。有的书籍中确指越城中有范蠡的住宅，甚至猜测越城会是范蠡的封邑。然而据东汉赵晔的《吴越春秋》卷六记载，范蠡因为深知越王勾践“可以共患难，而不可共处乐”，遂在灭吴的当年九月，就辞官远避，“乘扁舟，出三江，入五湖，人莫知其所适”。不知所踪的范蠡，不可能在第二年再到南京来为越王修造越城。

越城遗址又称越台，在宋代还被作为军寨，与天禧寺相对，明代与在天禧寺旧址上兴建的大报恩寺东西相望，清代中期尚没有完全湮灭，可以确定在今中华门外长干桥西南一带，是处于雨花台与凤台山之间的

《金陵古今图考》中的吴越楚地图

一个小丘陵。据记载，越城的周长只有“二里八十步”，专家折算约合942米，城内面积很小。可见越国建越城时的目的很明确，就是打造一个前沿军事据点。越城南倚雨花台，越国的繁华地区包括湖熟文化的集中地都在它的后方，北面宽阔的秦淮河是它的一道天然屏障，西面紧邻长江，进可以逼楚，退可以保国，军事上的重要地位显而易见。

就是这样一个突出在越国前端的军事据点，被认定为南京地区建城的肇端。南京城约2500年的建城史，就是从越城算起的。

越国的强盛也只保持了140年。周显王三十六年（公元前333年），因为越军攻楚，楚军趁机兴兵伐越，杀了越王无疆。楚军在南京石头山（今清凉山）上设置金陵邑，同样是作为楚国的前沿军事据点，以显示对新占有土地的控制。金陵邑是南京主城区内最早的行政建置，金陵也成为南京地区的第一个正式名称。唐许嵩的《建康实录》卷一记载：“越霸中国，与齐楚争强，为楚威王所灭，其地又属楚，乃因山立号，置金陵邑也。楚之金陵，今石头城是也。或云地接华阳金坛之陵，故号金陵。”得名金陵的原因有两个说法：一说金陵邑建于金陵山上，“因山立号”，以山名为邑名，而楚国的金陵，就是唐代尚存的石头城；一说因其地接“华阳金坛之陵”，也就是茅山（传说茅山华阳洞中有金坛百丈）。因为东吴在金陵邑的旧址上建造起石头城，所以金陵邑的规模和形制，后世已不得而知。根据其功能需要和当时的建筑水平，金陵邑应该与越城相类，都是规模不大的土城。

金陵邑择址石头山，一方面是楚国水军沿长江往来，石头山下有便于停泊的天然良港石头津；另一方面，石头山恰又是北岸距秦淮河最近的制高点。楚军没有越过秦淮河深入内陆，却对石头山以北到栖霞山的沿江一线做了一定程度的开发。这一带在新石器时代即为原始村落较为集中的地区，又得水运交通的便利，军队的往来与驻扎，对于农业生产、商贸和运输的发展都有一定的促进。所以后来秦始皇会在栖霞山下立江乘县。

越国和楚国是冤家对头的敌国，然而，比较越城和金陵邑的选址，却可以看出有几个重要的共同点：一是都西邻长江；二是面对秦淮河，都位于秦淮河的入江口附近；三是都位于近水的台地上。

这些共同点，是南京自然地理的大环境所决定的。

南京位于长江下游，这一段江水的流向是自西南往东北，水面开阔，因邻近入海口，受海潮顶托，泥沙沉积量大，江中较多沙洲，形成若干近岸夹江和天然港湾。距今3000多年前，因水位变化，秦淮河北行一支在鸡笼山、覆舟山一线受阻，凤台山与石头山之间遂成为秦淮河主流的入江口。此后，南京主城区以清凉山、五台山、鼓楼冈一线为分水岭，划分为南部的秦淮河水系和北部的金川河水系。北部逐渐形成玄武湖和金川河河谷平原。而秦淮河携带的泥沙，一方面在今天的主城区南部，水西门、新街口、浮桥、逸仙桥、瑞金新村、通济门一线以南，逐渐形成秦淮河河谷平原，一方面在受到江水顶托的入江口形成沙洲，即后来大名鼎鼎的白鹭洲。在白鹭洲与长江东岸之间，便形成了一条夹江，夹江的南、北两端都与长江干流相通。也就是说，当年从长江进入秦淮河，实际上有着南、北两个通道。

古人说起金陵邑和石头城，都强调它“扼江控淮”的作用，因为石头山高踞江畔，其南麓直抵汉西门，也就是秦淮河西北方向的入江口。然而，对于越城的选址，则语焉不详。其实，越城的位置正在夹江的南端，

《金陵古今图考》中的南朝都建康图

由此同样有水道可以进入秦淮河，所以与石头城一样承载着“扼江控淮”的作用。明确这一点，我们对于当年越城的选址，也就可以多一分理解。越城和金陵邑，这看似孤立的两个点，其实都与长江和秦淮河密切相关，是基于当时地理形势和军事需要做出的明智选择。在此后的发展中，秦淮河北岸的石头城，作为都城的门户，长期成为南京的军事重地和副政治中心；而秦淮河南岸的越城一带，因为远离政治中心区，则逐渐发展成繁华的商市区和居民区，孕育出南京最初的市民文化。

按照美国城市理论家刘易斯·芒福德的理论，城市首先出现在大河流域，是一个世界性的规律。南京的城市发展，正符合这一规律。长江南京段，自苏皖交界处的江宁区慈湖口入境，流向东北，在八卦洲附近转折向东，至栖霞区大道河口出境，北岸全长110公里，南岸全长98公里，江面宽阔，水流平缓，宜于通航。两岸有多条支流入江，其中最重要的是南岸秦淮河和北岸滁河。秦淮河源出溧水东庐山和句容宝华山，于江宁方山南侧汇合，形成干流，北流至七桥瓮附近西折，于今白鹭洲公园一带进入南京城区，西南流至镇淮桥，转向西北，在凤台山与石头山之间入江，全长110公里。

南京从建城之初开始，作为一座沿江城市的地位已经十分清楚。

这也说明，沿江一带的低山丘陵，当时已为人们所认识。秦淮河以南，从凤台山到越台（越城）再到石子冈（雨花台），是连为一片的丘陵，越城就建在越台上。秦淮河以北，沿江岸绵延的则是金陵邑所在的石头山及其余脉马鞍山、四望山、狮子山、幕府山直到栖霞山。

南京东面的钟山，进入人们的视野，据说是在秦代。宋《太平御览》引用了晋人张勃的《吴录》中一个颇有传奇色彩的故事：“秣陵，楚武王所置，名为金陵。秦始皇时，望气者云，金陵有王者气，故掘断连冈，改名秣陵。”秦始皇凿断连冈，改称秣陵，目的都是为了贬低金陵的地位，“秣”是喂马的草料，与贵重的金自然不可相比。秣陵县的县治，则从金陵邑所在的石头山迁到了江宁的秣陵关。

然而，除了已徒有其名的金陵邑之外，当时南京主城区的实际地位并不高。秦代推行郡县制，依照各地自然区域和社会经济发展状况设郡置县。南京地区先后分置五县，秦始皇二十六年（公元前221年），改楚棠邑为棠邑县、平陵邑为溧阳县。秦始皇三十七年（公元前210年）冬，秦始皇第五次东巡，东去时沿江而下，经丹阳至钱塘，返程时从江乘渡江北去，可知当时有丹阳县和江乘县。秦代丹阳县不是今属镇江的丹阳，而是以苏、皖交界处小丹阳镇为县治的古丹阳。南京主城区分属江乘县和秣陵县，但县治都不在主城区内。汉承秦制，棠邑县、溧阳县、丹阳县、秣陵县均没有变化，只有江乘县因为县域太大，所以将其东部分出，北置句容县，南置胡孰县。胡孰县治就在今江宁湖熟镇，这里从新石器时期就已是原始村落集中的地区。也就是说，今江宁区范围内有秣陵、丹阳、胡孰三座县城，而主城区内一个都没有。这也证明了南京地区自南向北发展的大趋势。

因为长期处于吴文化区的边缘，南京地区更容易受到其他文化区的多方影响，遂使城市文化的特征显得不是那么鲜明，难以简单概括。这曾被某些研究者认为是一种缺憾。但事物都有两面性，以现代眼光来看，南京文化从源头就能够兼收并蓄，是一种有利于持续发展的态势。

秦始皇的贬抑金陵，好像没有什么效果。到了东汉末年，刘备派诸

《金陵古今图考》中的汉丹阳郡图

葛亮赴京（今镇江）出使东吴，据说他经过金陵时观看山川形势，大发感慨：“钟山龙盘，石头虎踞，此帝王之宅。”

不久，东吴孙权果然来此立国，改秣陵为建业，拉开了南京建都史的序幕。

六朝都城新格局

汉代末年，天下大乱，渐成三国鼎立之势。据有江东的吴大帝孙权，定都建业，首开南京建都史，在南京城市发展进程中，写下了划时代的一笔。此后东晋，南朝宋、齐、梁、陈，相继定都南京，前后 300 余年，史称六朝。

值得注意的是，东吴与东晋南朝之间，不仅相隔着一个西晋，时间上有 30 余年的中断，更重要的是地域文化发生了重要的变化。东吴定都，南京是从吴文化区的边缘走向中心，而东晋南朝，则是强势中原文化进入，使南京逐渐脱离吴文化区。所以，就文化史而言，六朝更显示出“一加五”的态势。

东吴建都建业城

吴国经营秣陵，始于孙权的兄长孙策。孙吴的基地最初在会稽（今绍兴）和吴（今苏州），当时中国的政治、经济、文化中心在中原，所以具有政治野心的孙策，不断向西开拓疆土。据说在汉建安三年（198 年），孙策被封为讨逆将军后，便在金陵建造了将军府。孙策将军府的规模设置未见直接记载，但可以肯定它的规模不大，实际上是南京城区在越城、金陵邑之后的第三个军事据点。

两年后，孙策战死，孙权继承了他的事业和雄心，先是西迁到长江南岸的京（今镇江），并一度推进到湖北武昌（今鄂州）。孙吴的优势在水军，以长江为交通干线，需要有适宜的港口作休整。石头山“扼江控淮”的险要形势，加上楚国金陵邑的遗址，很容易引起关注，山下的石头津成为东吴的沿江军港之一，也就是顺理成章的事情。建安十六年（211 年），孙权正式移驻秣陵将军府，第二年在金陵邑旧址兴建石头城，贮存军粮器械，作为军事基地，同时改秣陵为建业，明白宣示“建帝王之大业”的含义。黄龙元年（229 年）四月，孙权在武昌称帝，但武昌距东吴后方基地过远，补给困难，人心皆思东归，民谣传唱“宁饮建业水，不食武昌鱼”。孙权

唐人画：吴主孙权像

遂于当年九月迁都建业，修缮将军府，称为太初宫。宫名太初，就是最初的意思。东吴成为中国历史上第一个立国江南的独立王朝，由孙权开国到末帝孙皓天纪四年（280年）降晋，建业作为东吴都城52年。南京的城市文化中，由此开始出现了都城文化的要素。

太初宫的位置，根据近年考古发掘认定，大约在今洪武路和游府西街的相交处一带，据记载“周长三百丈”，折合约700多米，还没有越城范围大。这一带当时相对荒僻，距离人口密集、经济较为繁荣的秦淮河南岸地区有3公里之遥，也就是说，是远离原有居民区的一片新开发区域。但这里地势平坦，有足够的空间，适合屯兵扎寨，具有适合作为军政中心的优越条件。钟山余脉覆舟山、鸡笼山等成为北面的天然屏障，山外就是尚与长江相通的玄武湖，可以作为水军的泊地和操练场所。西边有天堑长江和江岸良港石头津，便于与东吴后方腹地相联系。东边有源于钟山的九曲青溪围护，顺青溪南下，可以进入秦淮河，连接两岸的居民区和商业区。宽阔的秦淮河下游则成为都城南面的屏障。所以孙权定都于此，东晋南朝延续不变。在原有居民区外开拓新区，利用自然山水作为城市屏障，也成为南京城市建设的优良传统。

与都城的政治、经济需要密切相关，初创时期建业城内的主要建筑，就是宫殿、仓库和官署，实际上相当于后世的皇城。太初宫东北面的苑城内建有储放粮草的仓库，所以也称苑仓、仓城。俗话说“兵马未动，粮草先行”，当时东吴皇室和军队主要依靠苏南、浙东供应给养，苑城的范围比太初宫大得多，仓库之外还有可供居住的房屋和大片备用地，所以在东晋以后能被用来改筑建康宫城。太初宫和苑城的墙体，最初都是夯土砌筑的土墙，稍后又在太初宫南边建造了太子居住的南宫，南宫西侧有皇家园林西苑。赤乌十年（247 年）春，孙权改建太初宫，次年春天建成，规模有所扩大，正殿称神龙殿，另有临海等殿。宫城南面开五门：正中公车门，其东有昇贤门、左掖门，其西有明阳门、右掖门；东面开苍龙门，西面开白虎门，北面开玄武门。加上御道南端秦淮河上的朱雀桥，正好凑成“四灵”之像。后主孙皓时，又在太初宫东面新建周长五百丈的昭明宫，正殿称赤乌殿，左面开弯崎门，右面开临硎门，并在宫内堆土山，造楼观，饰珠玉，配以奇石，又开筑城北渠，引玄武湖水入宫内，巡绕堂殿。可见昭明宫已不单纯是宫殿，而且包含了皇家园林的成分。

东吴建业城的总体规模，文献记载很少。因为建业城没有围墙，它的确切范围和格局也就很难确定，所以后世都说它是草创。建业城的周围主要依赖山、水、原始森林等自然屏障的防护，只在交通道口或军事要地，设有类似路障的竹篱。建业城的南门称白门，正对苑城南门，相

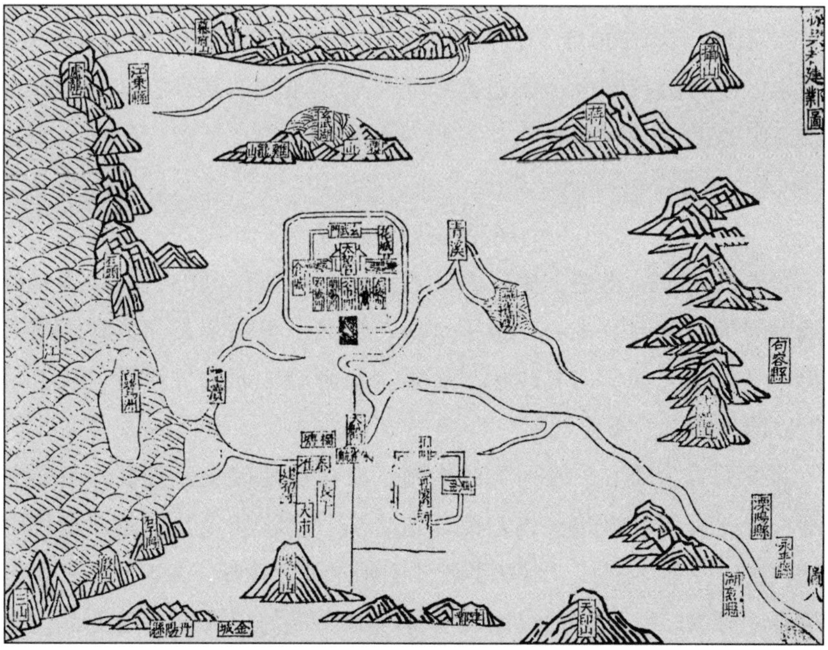

《金陵古今图考》中的孙吴建业城图

距约2里，其间有南北向道路相接。苑城向西至太初宫前，则有东西向道路相通。白门到东晋改称宣阳门，是六朝时的一个明确地标。自宫门南行，到秦淮河上朱雀桥，是长约7里的御道。中国都城在宫城前修建御道作为城市中轴线，也是由此肇端。西晋诗人左思的《吴都赋》中用大量华丽的辞藻，描绘建业城和吴宫，也说到南北御道：“驰道如砥，树以青槐，亘以渌水，玄荫耽耽，清流亹亹，列寺七里，侠栋阳路，屯营栉比，解署棋布。”平坦的御道两边整齐地排列着军营和衙署，还有绿化树和排水沟。

当时江南交通运输主要依靠船载水运，所以东吴在建业城西南开筑运渎，北通苑城，南接秦淮河；凿东渠，疏浚青溪，形成都城东面的贯通水道；沿覆舟山南麓开凿潮沟，引青溪水西行转南与运渎相接，又有支流北通玄武湖；南面则有东接青溪、西连运渎的运河（今称秦淮河中支）。建业城四面水道环绕，在便利交通的同时，又成为都城的屏障。宽阔的秦淮河则成为建业城的天然外郭。河道上桥梁（浮航）也多，如青溪上有七座桥，运渎上有六座桥，秦淮中支上另有五座桥，秦淮河上有四座桥，桥的两端都会有道路相接。

赤乌十三年（250年），孙权死，葬于钟山南麓梅花山，这是南京地区的第一座帝陵。同时在太初宫东面建造太庙，供奉孙权的神主，也是南京地区的第一座太庙建筑。

东晋南朝建康城

如果说越城的建造，使后人注意到这一地区便利的自然地理条件，为其发展为经济商贸中心提供了契机，那么东吴的定都，则开了南京地区都城文化的先河，使其政治、军事、经济诸方面的优越性显化，成为后世立国建都时的重要选项。

晋灭吴后，采取一系列行政措施，对建业地区加强控制，不断分割贬抑，淡化其都城痕迹。先是废建业之名，仍称秣陵，割其西南境置临江县，次年改称江宁县。南京得名江宁始于此。太康二年（281年）又将秣陵县一分为二，秦淮河以南仍为秣陵，秦淮河以北新置建业县，次年改称建邺。又分丹阳县置于湖县，恢复湖熟、江乘等县，大小共十一县，

明版画：晋元帝像

隶属丹阳郡，郡治设于秣陵。建邺地域缩小，地位也大为降低。建兴元年（313 年），为避晋愍帝司马邺讳，再改建邺为建康。南京自此得名建康，直沿用至南朝末年。

然而，晋朝一统不过 20 来年，就因外患内乱而急剧衰落。永嘉元年（307 年）七月，琅琊王司马睿受封为安东将军、都督扬州江南诸军事。他听从王导的计谋，从广陵移镇建邺，修东吴旧宫居住，笼络江东豪门望族，图谋霸业。建武元年（317 年）三月长安失守，晋愍帝被俘，司马睿在群臣拥戴下称晋王，以建康为国都。次年三月晋愍帝死，司马睿在建康登基称帝，改元太兴，史称晋元帝。在南京建都的第二个王朝东晋，由此拉开帷幕。

长安晋臣纷纷渡江到建康投奔新皇帝，跟随他们而来的平民百姓也数以万计。为了安置这些移民，东晋在建康城内外设置了数十个侨县侨郡。都城北面沿江地区和都城之内，北方移民数量大大超过本地居民，虽然他们成为开发建设的新生力量，但也迅速改变了南京地区原有的居民成分。尤其是以统治集团为代表的外来文化占据社会主流地位，遂使南京地区逐渐脱离吴文化，转向中原文化，语言、风俗等方面都发生明显改变。就连聚居于秦淮河南的原住民，也不能不受其影响。《世说新语》中记录了江南土著欣羡北方文化的事实。一方面，是吴人倾慕、仿效帝王权贵为代表的中原文化；另一方面，来自中原的统治者也试图融入吴文化，以争取当地豪强的支持。东晋南朝的南北交融、多方汇聚，显示出社会学上的杂交优势，使南京地区得以形成文化多元特色，取得杰出文化成就。

在城市建设上，东晋与东吴都城的重在实用不同，一开始就引入了中原的礼制规范。东晋王朝号称中兴，虽然最初几十年间，外有强敌环伺，内有权臣作乱，顾不上都城建设，但仍造起宗庙、社稷等礼制建筑，以表示自己是晋王朝的正统继承者。

晋成帝司马衍咸和四年（329 年），晋军平定苏峻之乱，因建康宫室毁坏难以收拾，朝中众臣多打算放弃建康。有人主张西迁豫章或东迁会稽，西晋旧臣怀恋故土，则以光复中原为号召，要求迁回洛阳。已经成为王朝重要支撑的江东士族，则希望朝廷留居建康。最后是司徒王导力排众议：“建康古之秣陵，帝王所居，孙仲谋、刘玄德皆云王者之宅，不可改。”

正是在这一背景下，“金陵王气”之类的传说多了起来。唐房玄龄的《晋书·元帝纪》记载：“始秦时望气者云，五百年后金陵有天子气，故始皇东游以厌之，改其地曰秣陵，堑（堑）北山以绝其势。及孙权之称号，自谓当之。孙盛以为始皇逮于孙氏四百三十七载，考其历数，犹为未及。元帝之渡江也，乃五百二十六年，真人之应在于此矣。”孙盛是王导执政时期的官员，正是他在西晋以来的传说中添加了“五百年后”这个时间限制，以证明“金陵王气”的预言是应在晋元帝的身上，既为王导反对迁都提供理论依据，也让东晋君臣可以心安理得地退居建康，不必为

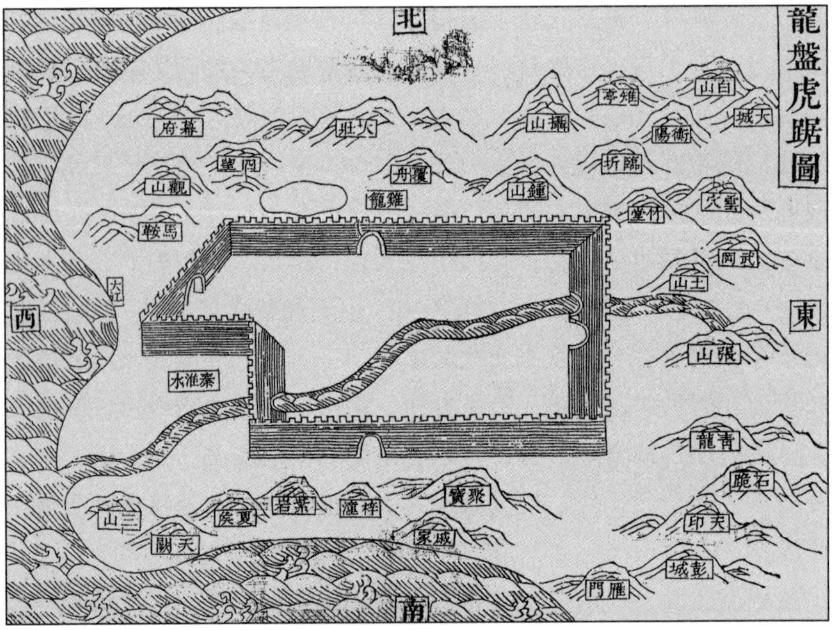

《景定建康志》中的龙盘虎踞图

力不从心的恢复中原伤脑筋。

咸和五年（330年）九月开始在东吴苑城基础上兴建新宫。两年后，建康宫建成，又名显阳宫，因魏晋谓皇帝所居禁省为台，故亦称台城。台城承袭中原宫城规制，大体为方形，每边长约2里，周长8里，筑有两重土墙，后改砌砖墙。台城四面辟有五门：南面开大司马门和南掖门，大司马门居中，仍在东吴苑城南门位置，正当南北御道的北端点，阊阖门偏东，后改称南掖门；台城正东开东掖门，正北开平昌门，正西开西掖门，都是沿用洛阳宫门名。西掖门内仍保留了原有的仓库，改称太仓。台城的中心，在今大行宫一带。由于经济困难，物资匮乏，新建宫殿只能用茅草编织草帘充做墙壁。同时还出台了一个新政策，就是每份官员任职文书要收费二千钱，作为修建宫城的资金。这一政策一直维持到南朝陈才废除。

晋成帝可说是南京城市发展史上第二个重要人物。建康都城明确以魏晋旧都洛阳为范本，改变了东吴建业城的零乱状态，初步形成主要建筑依南北中轴线左右对称的格局，也奠定了宫城、都城、外郭三重城垣的基本规制。尤其是宫城大司马门前东西向横街的设置，具有重要意义，首次将建康都城明确划分为南、北两个功能区，北区为宫城区，南区为官署、住宅区。这一总体布局开创了中国都城建设的新风格，对后世都城规制有重大影响。

建康都城周长20里19步，仍然没有围墙，只有竹篱，除了东吴白门改名的宣阳门，又新设五门，所以史书上只说“修六门”。六门同样沿用了洛阳都城门名。南面三门：正中宣阳门，其西陵阳门（后改广阳门），其东开阳门；东面两门：正东建春门（后改建阳门），其南清明门；正西是西明门，与建春门东西相对，两门之间的道路，即大司马门前的横街。都城北面则利用宫城的北墙，也就由宫城北门平昌门出入。据此，建康城四周实际上应有七座门。

都城大体呈长方形，南北较东西稍长，但它的中轴线并不是正南北方向，而是北偏东25度。从复原的南京水道图上可以清楚看出，造成偏斜的原因是受水道走向限制。都城东边的青溪和西边的运渎，既是都城的天然屏障，同时也限定了都城的外沿，而它们都是北偏东的走向。明

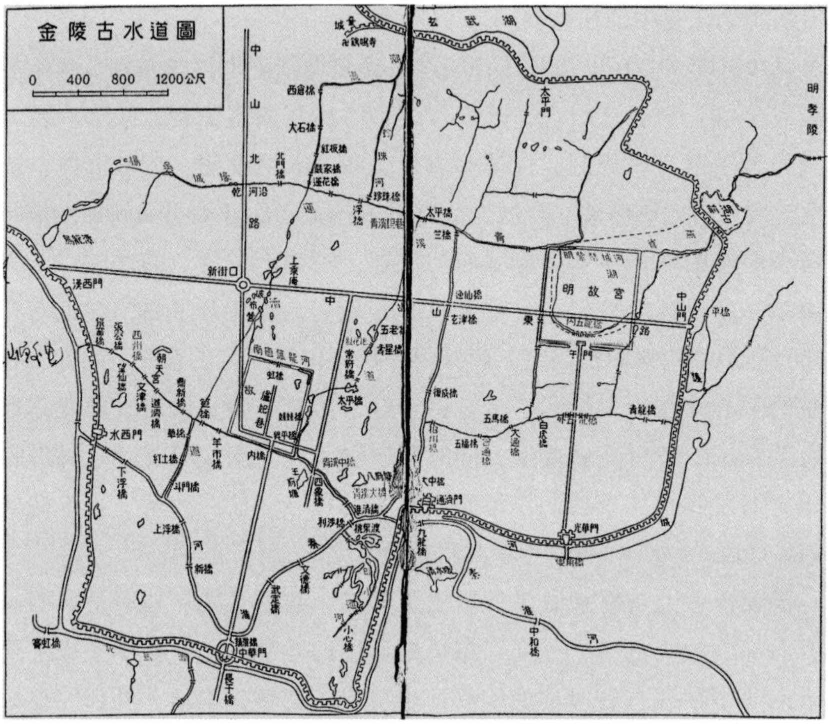

《南京名胜古迹》中的金陵古水道图

确这一点，也就能够理解建业城和建康城为什么可以没有城墙，因为它四面都有河流围护。

在东、南、西三面，宫城各门与方位相近的都城门之间，都有道路相通。都城南面的宣阳门，北距台城南门大司马门 2 里。经考古发掘证明，台城南垣在今游府西街一线，所以都城的南垣，约在今白下路、建邺路一线偏北，张府园一带也确曾发现建康都城西南角遗址。这一位置同样与水系相关，东吴时开运河东通青溪、西连运渎，交汇于内桥，即今建邺路、白下路南侧的秦淮河中支，成为都城南垣的护濠。宣阳门在内桥北，南距秦淮河上朱雀桥 5 里，其间御道两边开御沟排水，同时统一种植槐、柳作为行道树。这也是中原都城建设的规制之一，从此又形成南京街道绿化的传统。朱雀桥又称朱雀浮航，是用船只连接而成的浮桥，据记载，“长九十步，广六丈，冬夏随水高下”，可见当时秦淮河宽达 130 多米。

军事重地石头城

东晋建康城第一次有了外郭的设置，在秦淮河两岸建起 56 座篱门，以加强都城的防卫。当时都城防御主要仍依靠自然山水屏障以及周边散布的军垒城堡。除了前人所建越城和石头城，东晋新建了西州城、白下城和东府城，并对石头城进行了加固，将东吴时的土墙改为砖包墙。

石头山上的石头城，是当时最重要的军事基地。石头城周长 7 里 100 步，折合约 3200 米，以今天的眼光来看不算大，但东晋南朝的台城周长也只有 8 里，可见它在当时的地位。所以从东吴开始，镇守石头城的多为心腹大臣，甚至是太子。

六朝时期，今外秦淮河仍是长江水道的一部分，江水直激石头山山麓，直到唐代还能看见“潮打空城寂寞回”的景象。同时，山下的石头津，

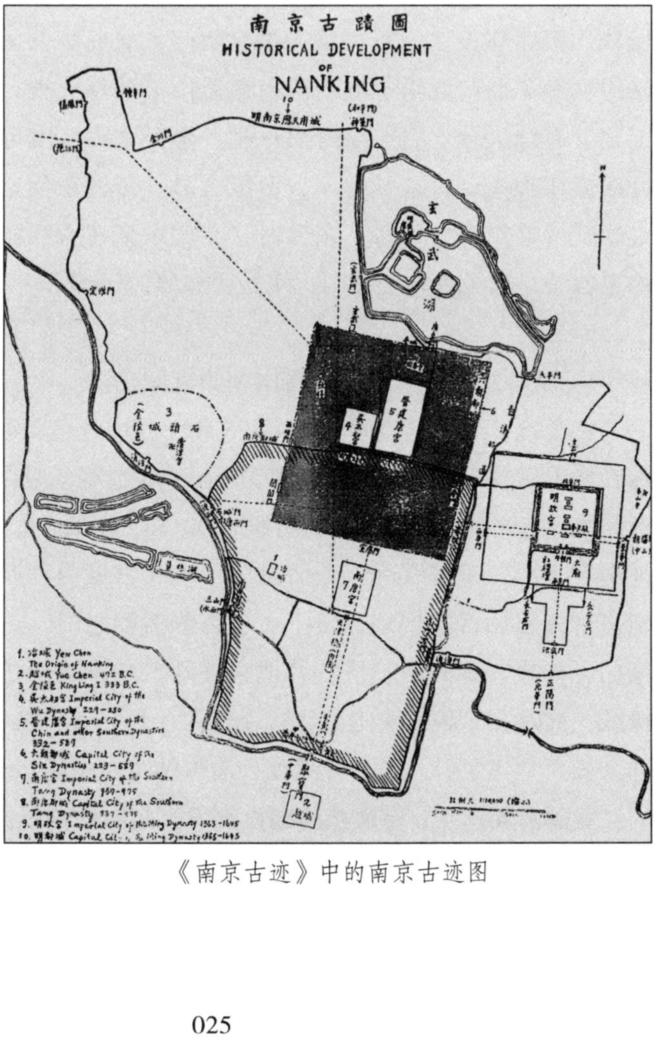

《南京古迹》中的南京古迹图

在晋安帝时已经发展到“贡使商旅，方舟万计”的规模，成为六朝古都对外交往的重要窗口。不但有大量商船沿江上下、远航出海贸易，而且迎送过数以百计的外国使臣。

六朝石头城的位置，长期以来为研究者争论不休。据 2012 年春公布的考古勘测结论，其北垣在清凉山北麓近山顶处，东到清凉山东冈，将位于东冈八角亭附近的石头小城（也称石头仓）包含在内，西延至国防园东冈，折而向南，长约 1100 米；西垣在外秦淮河东岸，长约 800 米；南垣沿乌龙潭北岸向东，长约 450 米；东垣自清凉山东冈至乌龙潭，长约 820 米。四面围合成不规则的梯形，周长约 3200 米，与史籍记载正相吻合。在石头城附近，还发现了东吴以来的道路遗址以及隋唐时期维修石头城的遗迹。

石头城最初开三门，东面一门，南面开南门和西南门，南门上建有城楼。因西邻长江，所以始终没有西门，北面则依山冈为屏障。东晋维修时增开了北门。除了城内西南角盏山上的烽火楼，石头城以北的山冈上也立有烽火台。石头城烽火一举，半天之内，就可以经由沿江险隘之处的座座烽火台，东抵苏州，西抵宜昌，传遍东吴全境，可以算是古代最快捷的通讯联络手段。东晋时又在城东部建入汉楼。至于外秦淮河边的鬼脸城，据考古调查证明，实是明城墙的一部分。

东晋南朝的宫城建设

晋孝武帝司马曜太元三年（378 年），因建造简陋的宫室多已朽坏，遂在谢安主持下重建。此时东晋立国已 60 余年，境内渐趋安定，经济逐渐恢复，有充裕的人力物力，组织 6000 工匠施工 5 个月，建成的新宫“内外殿宇大小三千五百间”，而且第一次在宫城内外实施有计划的绿化。新宫有完整的营建规划，殿宇命名都依洛阳之旧。正殿太极殿正对大司马门，构成宫城的中轴线，其他官署则依中轴线两边分列。据记载，太极殿“高八丈，长二十七丈，广十丈”，殿宇 12 间，两边另有太极东堂和太极西堂各 7 间，是晋帝听政、治事的主要场所。

直到南朝末年，建康城的建设都没有超越这个范围，格局大体未变，但都城渐趋坚固完备，皇家园囿日渐奢靡，佛教寺庙蓬勃兴盛，帝王陵寝渐成制度。南朝陵墓石刻流传千古，成为国宝级的艺术品。同时，繁华区域也从都城渐向四郊扩展。

今大行宫发现的台城东晋砖铺车道

东晋与南朝宋、齐、梁、陈之间的改朝换代，都采取了禅让的形式，即前朝帝王让位于掌握了军政大权的重臣，因而在某种意义上，也可以视为一个由异姓王相延续的大王朝。因为后一朝要宣称自己为前朝的合法继承者，所以也都继承、利用了前朝的都城空间，以此作为最显著的象征。元熙二年（420 年）六月，宋王刘裕进军逼宫，迫使晋恭帝禅位，史称南朝的宋、齐、梁、陈自此拉开序幕。四朝为时都不长，宋 60 年，齐 24 年，梁 56 年，陈 33 年，除去两朝更替时的重复计算，实际只有 170 年。

城市因此比王朝存在得更长久。即使旧的都城已经残破不堪，宫殿已经无法居住，统治者也不会轻易放弃，既因为这块土地所具有的优越自然地理条件和各种配套设施，更因为前朝建都所赋予它的影响力、号召力以至某种神圣感。

齐武帝永明年间，北魏孝文帝为了重建洛阳都城，特别派遣建筑工程学家蒋少游到建康，“模写宫掖”，“图画而归”。《北史》《南史》和《魏书》中，都记载了这件事，近半个世纪的研究也证明，北魏洛阳宫室制度明显模仿了南朝建康宫殿，御道两侧分列府署的格局，也源自建康。而北魏的宫室制度又为隋唐两代的长安和洛阳都城部分承袭。当然，建康的宫室制度，从根本上说，是以魏晋洛阳为范本的，但在北方都城被战乱毁坏殆尽之后，南朝建康城反成为延续中华礼制与宫室制度的一个不可或缺的过渡，成为华夏文脉传承中不可或缺的一环。

梁天监十年（511 年），台城的城墙由过去的二重增筑为三重，以加

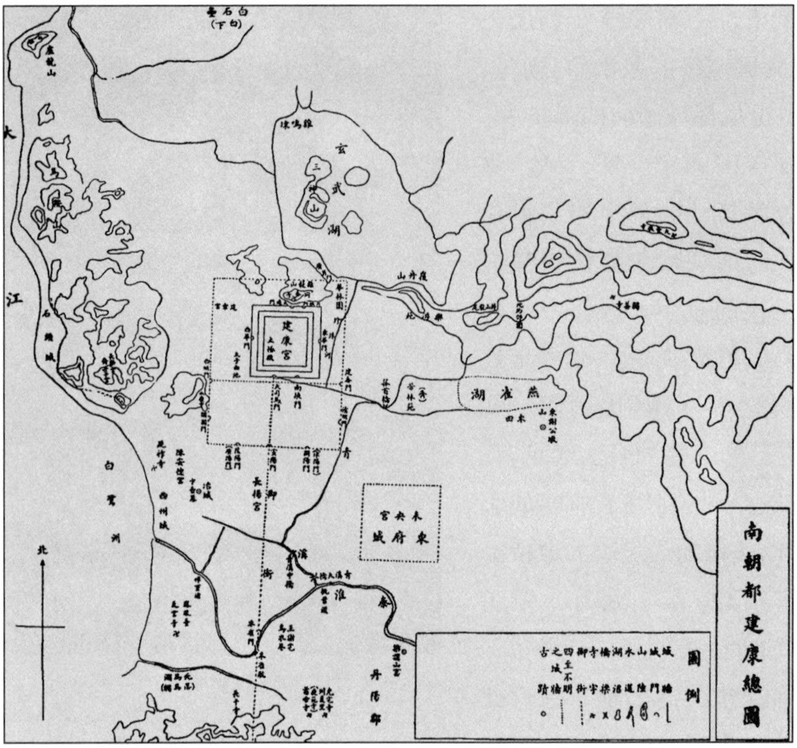

《金陵古迹图考》中的南朝都建康总图

强防卫。新筑的第三重在最里圈，南面的端门，东、西的万春、千秋二门，都开有两个门道。天监十二年（513 年），“新作太极殿，改为十三间”。东晋所建太极殿面阔十二间，象征一年有十二个月，改为十三间，表示连闰月都包括在内了。这一规制影响深远，后世宫殿都采用了十三间的格局。

六朝佛教寺庙的大量涌现，也不可忽略。佛教在汉代传入中国，流布江南相对较晚。东吴赤乌十年（247 年）在凤台山麓所建的建初寺，是长江以南的第一座佛寺。东晋时期，现有明确记载的寺庙已达 37 座。“南朝四百八十寺”，实际多达 700 余寺，更臻于空前绝后的巅峰。其时帝王权贵争相捐建寺庙，礼佛持戒，精研佛理，甚至舍身为“寺奴”。民间受此影响，也纷纷以说因果、修来世为精神寄托，佛教寺院遍布全城。

六朝继汉开唐，在经济与文化上，都为唐代的大繁荣、大发展，奠定了不可或缺的重要基础。

东吴大市与长干里

“城市”这个词，已经被人们用得太熟，以致很少有人还记得它的本来意义。其实“城”与“市”原是两个不同范畴中的概念。“市”的本义是交易行为，引申为交易的场所；而“城”则是出于政治或军事需要所设置的墙垣，后来引申为墙垣内的区域。“市”是从居民的正常社会生活中自然生发出来的，而“城”往往是统治阶层外加于居民的。由于长达数千年的封建社会，重政治而轻经济，在经济活动中又重农而轻商，对于商业长期持鄙夷态度，“城市”这个词的意义，便完全偏到了“城”的一边。

既往南京城市文化研究中，对不足500年的建都史研究较多，对长达2000年的非建都史关注不够；而在历代建都时期，对于“城”的研究较多，对于“市”的探索也不够。固然，在建都时期，城市面貌会有急剧的、较大规模的变化，但非建都时期的经济文化繁荣，不仅是建都时期发展的延续，而且也为下一次的建都酝酿着条件。

东吴的建业城，东晋南朝的建康城，都是外来统治者作为都城来营建的，重点在于政治、军事设施。而秦淮河两岸的居民生活区，是自越城修筑后六七百年间逐渐形成的，也是农业、手工业、商业集中的经济中心。这不同功能的两大区域，各有各的发展脉络。由于城乡力量对比的悬殊，会让乡镇自动成为城市的属地，所以六朝的统治者也就承认既成现实，并没有将二者整合为一个城市的打算。也就是说，秦淮河两岸的居民区，只是一处距国都较近的市镇，并未成为都城的有机构成部分。联系都城和秦淮河之间的御道和运渎，主要也是为了满足皇家朝廷的需要。

都城与居民区的分离，或者说在居民区外另择新址建造都城，使城市形成明确的功能分区，成为南京城市发展史上的一个重要特点。而在六朝时期的内外战乱中，敌对双方多以夺取都城为首要目标，往往只引发都城区的变化，除了梁代末年的侯景之乱，对居民区的影响都不是太大。

当然，新出现的都城，会对邻近的居民区产生重大影响。城市生活消费模式的刺激，城市建设所需新行业的产生，以及社会主流意识形态的变化，对于原住民的生活都是一种挑战，都会影响以致改变原住民的生产生活和思想观念。但城市并不是“城”与“市”的机械组合，“市”与“城”的关系，并不决定于其位置在“城”内还是在“城”外，而决定于它与“城”是不是构成一个有机的统一体。尽管在都城的吸引下形成了两者之间相向发展的趋势，但封建帝都与居民区之间是不对等的，发展也是不均衡的。都城区与居民区两大功能区的这种分离状态，直到南唐建金陵城才最终结束。

长干里与东吴大市

东吴时期，居民区和商业区主要还在秦淮河的南岸。对于这一地区，文献记载很少，晋人左思的《吴都赋》中最可贵的部分，便是记载了建业城南郊居民区的繁华状况：“横塘查下，邑屋隆夸，长干延属，飞甍舛互，其居则有高门鼎贵，魁岸豪桀，虞魏之昆，顾陆之裔。”

左思曾亲赴东吴故都建业考察，长干这个地名最早见于记载，就是《吴都赋》。文中同时提到的地名，横塘亦称南塘，查下亦称查浦，都与长干相关。左思的同时代人刘渊林为《吴都赋》作注，说横塘、查下都是百姓居住区之名。江东称山冈间的平地为干，建业南面的山间平地，吏民杂居，有大长干、小长干，皆相连属。又有史籍记载，小长干巷西头通长江，距宫城八里，在三井冈（凤台山）东南一里，瓦官寺的南面。可以作为参照的数据是，越城距宫城八里，凤台山北端距宫城五里、东南距越城一里，而瓦官寺则在凤台山东麓，可见小长干巷的位置肯定在凤台山南麓与越城之间。现在将凤台山与越城隔断的城墙和护城河，始于南唐建金陵城，六朝时期都还不存在。在2016年春天的越城考古中，越城北侧的小长干巷遗址已被发现。而较小长干为宽阔的大长干，也就可以确定是在越城以东到雨花台一带。大长干的地标是大长干寺，亦称长干寺。长干寺屡毁屡建，寺名屡变，但基址未变，即明代大报恩寺所在。这一带的地形开阔，远远大于凤台山一带。很可能就是因为有了大长干做比较，凤台山与越城之间的长干里才被叫成了小长干。

这一位置关系，充分说明了越城对南京地区发展的重要影响。越城

《金陵古今图考》中的东晋都建康图

和金陵邑一样，都为后人认识其所在区域的优越性起了重要的提示作用。当时这一带的长江东岸，距凤台山西麓不远，近岸又有沙洲形成夹江。而小长干巷西头的出江之处，应该就在夹江南口，即秦淮河西南方向的入江通道附近。长江在这一段的流向是自南向北，所以小长干巷是沿江而下抵达金陵的第一个码头，同时也就可以作为溯江而上的起点。由此地沿夹江顺流北行，或东转进入秦淮河，或继续北行至石头城，水上交通最为便捷。自秦汉以来，这一带人烟渐渐稠密，成为繁华的商市区和居民区。六朝时石头津渡停泊的数以万计的商船，正是以长干里为腹地。同时，吴地的豪门大族虞、魏、顾、陆都住在这一带，更添一种富贵之气。

史载，东吴时孙权设立了大市、东市、北市。市场是经济发展到一定阶段的产物，南京地区的商贸交易，不会迟到东吴才开始，所以孙权的“立”，应该是建立市场的管理机构，其功能包括税务征收。也就是说，民间经济生活中自然形成的市场，为都城统治者所接受并利用了。史载，大市的位置在秦淮河南，可见大市所管理的就是小长干巷商业区。大市北面的建初寺，也被叫作大市寺。

当然，孙权着力经营大市，并不止于简单地设立一个管理机构。横塘和查下，可以说是他为长干里商区所建设的水利配套工程，应该都位于小长干巷附近。而东吴开凿运渎，南起今升州路斗门桥，北至都城西门，也正是为了沟通都城与商业中心之间的联系，对长干里商区的发展有促进作用。

同时，左思的描写也证明，小长干巷一带的商业经济，并未因东吴的灭亡而衰退，在晋代仍然繁华。《世说新语·任诞》中也记载，西晋末年，祖逖率众到江南投奔琅琊王司马睿，因为军费不足，竟公然纵容部下兵卒到南塘抢掠，抢一回便“裘袍重叠，珍饰盈列”，可见南塘商铺的富裕。而王导、庾亮这些当政的人，因为要利用祖逖的军事力量，知道了也不过问。

东晋建都以后，长干里商区得到了更大的发展。成书于南朝宋的《丹阳记》说明：“长干是里巷名，江东谓山陇之间曰干。建康南五里有山冈，其间平地，民庶杂居，有大长干、小长干、东长干，并是地里名。”

这里说的里巷、地里，都源于中国古代的里坊制。根据文献记载，周代的城市就是实行闾里制的。当时位于天子王城附近的区域被称为郊区，稍远的地区称为甸区，统称为王畿。郊区居民五户为“比”、五“比”为“闾”，甸区居民五户为“邻”、五“邻”为“里”。今天常常使用的“郊区”、“邻里”、“比邻”等词，就是从这里来的。这种行政组织与国家的田制、军制、赋税制等密切关联，使政府管理工作简单划一。闾里周围设有围墙，其中大致相等的方块土地，被称为“里”或者“坊”，居民住宅只能把门开在坊内的巷里。唐代以前，坊门管理都非常严格，日开夜闭，限制居民行动以加强防卫。

南京早期里坊的状况，与中原城市里坊不尽相同，有着明显的特点：一是分布不规则，二是形态不规整，三是管理不规范。

这是因为，一方面，在南京地区，承载经济功能的“市”，即居民区与商业区形成在前，而承载政治、军事功能的“城”建设在后；另一方面，“市”的形成又受到自然地理条件的制约，如长干里商区既处于山冈间，只能依山建房、随形就势。

东吴建业城是在军事据点基础上发展而成的政治中心，布局零乱，连皇宫都偏置于都城的一隅。对于数百年间逐渐形成的居民区与商业区，无力甚或无意加以规范。东吴立大市，只是在小长干巷商区设立一个管理机构。东晋建都后，建康虽然有里坊的设置，但同样没能改变原有居民区的格局。即使是新设的里坊，也未能如中原都市那样做到环绕皇城、规格齐整，其管理也不如中原都市那样严格。从前人史志中所能看到的建康的里坊数，只有 20 个左右，而各书记载的市场数就有十几个。其中不能排除有些里坊与市场混为一体或难以区分。市场的管理与里坊的管理是不一样的，里坊要求夜间闭门，禁止出入，而市场则要求自由出入，东晋时就曾发生过冲突，结果是商户取得了胜利。

市民区的逐渐拓展

比较《丹阳记》和《吴都赋》的记载，可以看出，南朝宋时在小长干、大长干之外，又出现了一个东长干，都已成为居民里坊。由此可见东长干是东晋以后繁盛起来的新区。

东长干里的位置，当在凤台山的东麓，也就是小长干里与秦淮河之间，特别是邻近运渎南端的区域。南京居民区的发展原有自南向北推进的趋势，东吴定都后，政治中心的吸引更形成一种向心力，加剧了这一趋势，而南北转运干道运渎的开通，也为小长干巷商业区向北、向东发展提供了大为有利的条件。孙权造建初寺，地址已经选在大市的北面。东晋时期凤台山一带商民更趋密集，商家继续寻找新的发展空间，理应向着都城推进，所以小长干里与秦淮河之间的区域，便迅速繁荣起来。区域政治中心带动商业中心，长干里商业区不断向东发展，并延伸到秦淮河北岸，在今牛市、颜料坊一带形成新的商业区，也是顺理成章的事情。

唐许嵩的《宫苑记》记载："吴大帝立大市，在建初寺前，其寺亦名大市寺。宋武帝永初中立北市，在大夏门外归善寺前。宋又立南市，在三桥篱门外斗场村内，亦名东市。又有小市、牛马市、谷市、蚬市、纱市等一十所，皆边淮列肆裨贩焉。""边淮列肆裨贩"，大小市肆都在秦淮河两岸做交易。具体而言，朱雀门西的盐市、银行、花行、鸡行、镇淮桥、新桥、笪桥、清化市等，都是市场所在地。而这些地点多在秦淮河西两岸，也就是凤台山以东以北。

瓦官寺旧影

瓦官寺的变迁，也可以作为这一发展趋势的佐证。东晋初年，王导在秦淮河南岸凤台山麓设置窑场和管理机构陶官，说明此处尚有大片空地。时隔40来年，晋哀帝时，僧人慧力打算建寺，已只能向朝廷求取窑场这块地了。朝廷因此决定将陶官迁往秦淮河的北岸，腾地建寺，所以叫瓦官寺。按常理，寺庙要建在居民区、商业区附近，以便吸引信众；而窑场当建于人烟稀少的空旷处，可见当时秦淮河北岸居民尚少。再过一个半世纪，南朝梁扩建瓦官寺，已必须“市寺侧数百家”，买下寺旁几百家居民的房屋，有点像当今的拆迁改造，可见瓦官寺周围居民已十分密集。

从史籍中可以看出，东吴大族多居住在小长干里，如陆机、陆云宅在越城西南角，张昭宅近秦淮河上张侯桥，皇族孙綝也曾“筑室朱雀桥南”。而东晋南朝的高门贵族多居住东面的青溪两岸，如王导、纪瞻、谢安、江总、谢灵运、沈庆之、管仲姬等。王谢大族聚居的乌衣巷，在东吴时曾是军营。梁武帝生于赤石矶下的同夏里，后舍宅为光宅寺，梁武帝皇后郗氏化蟒处名蟒蛇仓，也都与乌衣巷相距不远。西晋末年，王敦任扬州刺史，将府署建在冶城麓的西州城。到了东晋后期，会稽王司马道子任扬州刺史时，便放弃了王敦所建的西州城，改在青溪东岸兴建东府城，这些都反映了权贵居住区的变化，其中固然有南北世族之间的矛盾因素，但长干里地区居民密集，已不能容纳大量豪门巨宅进入，应该也是事实。

缺乏文献记载的平民生活，在民间歌谣中得到了生动的反映。东晋南朝民歌吴歌和西曲，兴起、流行于成熟的商业都市之中，以反映市民阶层的生活为主，有明显的商业特点和市民习气，不同于早期民歌主要是农民之歌。吴歌流行的中心建康，既是六朝的都城，也是扬州的治所，西曲流行的中心江陵是荆州的治所，而荆、扬二州，正是南朝最为富庶的区域。《宋书·何尚之传》中说："荆、扬州，户口半天下。江左以来，扬州根本，委荆以阃外。"两州一内一外，支持着王朝的大局。《宋书·孔季恭等传》中说："荆城跨南楚之富，扬部有全吴之沃，鱼盐杞梓之利，充仞八方，丝棉布帛之饶，覆衣天下。"生活在这种大都市中的市民，经济独立，生活安适，思想自由，情感奔放，成为孕育那种率真热烈、富于叛逆精神的情歌的社会基础。当时建康与江陵两地之间的商业往来非常频繁，建康人溯江而上，江陵人沿江而下。可以说吴歌多系安居于长干里的人所作，故多反映市井生活，富于家庭趣味，而西曲就是这些"江上往来人"所作，故多商人思妇的情怀。

梁《殷芸小说》中有一个故事，说几个人在一起"各言所志"，有人愿为扬州刺史，有人愿富有钱财，有人愿做神仙骑鹤升天，最后一个人总而言之，道"腰缠十万贯，骑鹤上扬州"。东晋、南朝的扬州治所都在都城建康，扬州也被作为建康的代称，而建康的商业、手工业繁华中心就是长干里。

唐诗中的长干里

今人闻说长干里，多由于唐人的诗歌，往往以为长干里是唐诗塑造出来的金陵胜迹。而在南唐建城之后，随着现实中长干里地名的淡化，它也确实停留在那一份诗情画意上，逐渐蜕化为一种文学意象。

只有弄清小长干、大长干、东长干的具体位置，才能够理解唐人歌之咏之的长干里实有其地，主要是指由小长干巷向北、向东发展而成的商业区，也就是东晋以后划设的小长干里和东长干里。崔颢的《长干曲》："君家何处住，妾住在横塘。停船暂借问，或恐是同乡。"直接将长干里与横塘相联系。李白在抒写长干里的同时，写到的是凤凰台、凤台山上的瓦官阁。崔国辅所作即名为《小长干曲》。杜牧的《泊秦淮》，也

明版画：长干里

可以肯定不是泊在今天的夫子庙前，而是在凤凰台下的秦淮河北岸。此外，杜牧笔下的杏花村，正在凤凰台东南。

长干里在六朝时并未引人注目，是因为作为都城的建康，政治中心的地位更为突出。中华民族固然是一个十分重视历史的民族，但也是一个比较重视政治史而忽略经济史的民族。另一个原因是建康城长期以秦淮河为外郭，长干里尚在外郭之外。

到了隋唐两代，在行政上对南京的地位大加贬抑，建康都城在隋初被废弃，一片萧条，不再受到政治中心的遮蔽，长干里的经济优势地位才会凸显出来，为文人墨客所关注。《隋书·地理志》（下）对此也做了较为确切的评判：“丹阳旧京所在，人物本盛。小人率多商贩，君子资于官禄。市廛列肆，埒于二京。”隋灭陈后废建康置江宁县，曾隶属丹阳郡，当地商人在市民中占有相当高的比例，市场的繁盛不亚于长安和洛阳。同时，由于居民区、商业区与建康都城远相隔离，改朝换代之际并没有遭到破坏，正常的经济活动与社会生活仍在进行，六朝时期奠定的厚实的经济、文化基础，更不是简单的行政命令所能消解得了的。隋唐时期，金陵仍不失为东南一带的经济、文化重镇，也是东南驿道和漕粮转运的重要枢纽之一，具有举足轻重的地位。

隋唐时期，南京远离政治中心，经济尤其是商业反得以迅速发展，使南京居民意识到，经济、文化繁荣并不是非得依赖政治中心的地位不可。

政治上完全失去发展前途的南京，在大一统的和平环境之中，基于其优越的自然地理条件和原有的经济基础，手工业、商业贸易得到长足的发展。唐代“扬一益二”中的扬州，实际上仍是指以南京为中心的区域。

六朝故都的盛名，江南风物的秀美，引得诸多文人学士纷纷前来游览观光，并写下了大量的诗文，不同程度地反映出南京地区的繁荣景象。从某种意义上说，正是这些文字记载，使得南京城市文化的内涵大为丰富，在遗存后世的实物之外，保存下了更多的城市记忆，使城市在空间维度之外，能形成相对完整的时间维度。长干里，正是在唐代商业经济中凸显出来的金陵胜迹。这块土地上滋生出的繁荣商业，顺应了那个时代的新潮，所以唐人的诗歌中，长干里几乎成了南京的代名词。

有些人在解读这些诗歌时，迷失在长干里的诗情画意中，忘记了长干里只是一个端点，真正波澜壮阔的活剧，则发生在长江上。“君家何处住，妾住在横塘。停船暂借问，或恐是同乡。”“家临九江水，来去九江侧。同是长干人，生小不相识。”崔颢的这两首《长干曲》，生动地描绘了长干里人的江上生涯。所以，反映长干里的诗词同样证明，南京是一座沿江发展的城市。有着商业家庭背景的李白，对商人生活自有特殊的敏感与情怀，又有着沿长江上下的丰富旅行经验，故而能够创作出《长干行》这样的名篇。诗人

明版画：相迎不道远，直至长风沙

通过抒写“同居长干里，两小无嫌猜”的青梅竹马，衬托商家女眷对爱情生活的美好向往。然而，更值得重视的是诗中对长干里人经商活动的细致描述：男人们十五六岁就踏上了经商的途程，直上湘潭巴蜀，他们的妻子虽有幽怨，但又能充分理解自己的丈夫。千年以后的读者借此穿越时空隧道，仿佛也成了唐代长干里的居民，成了这位无名少妇的邻人和朋友，分享或分担着她的喜乐哀愁，甚至愿意陪伴她沿江上溯七百里，到水流湍急的长风沙去迎接她的夫婿。这些诗歌反映的，正是在长干里商业基础上孕育产生的新兴市民文化。

南唐建金陵城时，改变六朝建康城的旧格局，将秦淮河下游包入城内，其动机，历代史家多有分析。然而，无论其曾受到多少因素的影响，长干里这样的繁华经济区域必须包入城内，都是一个不容忽略的考量。

南唐整合金陵城

唐朝末年，藩镇割据，军阀混战，最终形成五代十国的大分裂局面。吴国杨行密割据淮南，阻止北方的战乱波及长江流域，使江南地区得以休养生息，经济发展水平远好于久经战乱的黄河流域。在此基础上产生的南唐，定都南京，是当时江南疆土最大、实力最强的国家，在社会相对安定、经济相对繁荣的基础上，也取得了较高的文化成就，对于南京城市的发展，更做出了里程碑式的重要贡献。

天祐二年（905年）杨行密死，吴国军政大权落到徐温手中。天祐六年（909年），徐温因“金陵形胜，战舰所聚”，战略地位重要，自己兼任昇州刺史，派养子徐知诰任昇州防遏兼楼船副使。徐知诰有政治头脑，好学尊儒，为政宽仁，受到百姓拥护，三年后以军功升任昇州刺史。天祐十一年（914年），徐知诰开始营建金陵城。吴武义二年（920年）改昇州为金陵府，徐温兼任金陵府尹，府署在唐昇州府衙的东面，今洪武路南端近内桥处。乾贞元年（927年）十月，徐温病死，九天后，徐知诰迫使吴王杨溥称帝，自任都督中外诸军事、太尉、中书令，军政大权在握。大和三年（931年），徐知诰兼任金陵府尹，移住金陵，招揽人才，又拓宽金陵城墙。大和七年（935年）九月吴帝杨溥改元天祚，十月封徐知诰为齐王、尚父、太师、大丞相、天下兵马大元帅。天祚三年（937年）正月，徐知诰改金陵府为江宁府，建造齐国的太庙、社稷，府衙改称宫城，厅堂称殿。八月，吴帝杨溥下诏禅位给齐王徐知诰。十月，徐知诰在江宁称帝，改元昇元，史称南唐烈祖。

在群雄逐鹿的形势下，为了表示自己是继承唐王朝的正统，徐知诰在昇元三年（939年）复姓李，改名昪，易国号为大唐。其长子徐景通改名李璟。昇元七年（943年），李昪死，李璟继位，改元保大，史称南唐中主。南唐肇基淮南，是一个跨江发展的政权，但到了交泰元年（958年），在后周强劲的军事攻势下，李璟不得不放弃长江以北的疆土，同时除去帝号，称南唐国主，采用后周显德年号。显德七年（960年），李璟决意迁都南昌，以避后周锋芒，但第二年就死在南昌。后主李煜继位，仍居金陵。李昇统治期间，以保境安民、兴利除害为号召，注重恢复生产，奖励农桑，轻减赋税，民间稍感宽松平允。中主李璟登基后，连年征战，胜少败多，割让疆土，导致府库空虚，国弱民贫。后主李煜在位时，不断搜刮财富向北宋进贡，国内经济趋于崩溃。开宝八年十一月二十七日（976 年元旦），宋军在围城年余后攻破金陵，李煜做了俘虏，南唐灭亡。

南唐营建金陵城

自徐温父子经营金陵城起，前后 60 余年间，先后进行了数次规模较大的修建。徐知诰在杨吴天祐十一年（914 年）开始修建金陵城，“始东南跨淮水”，改变了六朝都城以秦淮河下游为外郭的格局，第一次将秦淮河南岸的稠密居民区、繁华商业区包容在内，初步形成了涵括政治军事和民生经济的城、市统一体。这是南京城市发展史上一个划时代的里程碑。其后又在城墙与城濠之间增筑了一道高五尺左右的围墙，称作羊马墙（卧羊城），发生战事时，城外居民可以避入城内，居民的羊、马

《金陵古今图考》中的南唐江宁府图

等大牲畜也可以撤进羊马墙内。大和四年（932 年）八月，掌握了杨吴军政大权的徐知诰再次增筑金陵城，已在为自己的帝王基业作打算。金陵城周长扩展到 25 里余，折合今 14 公里多，城内面积约 17 平方公里，人口包括驻军达到 40 万人。

南唐金陵城大体呈方形，城周开有八座城门，其中五座陆门：东门在今大中桥西，大中桥即东门外护濠上的桥；南门在镇淮桥南，即今中华门位置；龙光门在今水西门位置，亦称龙光西门；西门即今汉西门瓮城位置；北门在今珠江路北门桥南，北门桥即北门外护濠上桥。三座水门：上水门（今通济门南侧东水关），下水门（今水西门南侧西水关），栅寨门（今虎踞南路涵洞口）。城墙上阔二丈五尺，下阔三丈五尺；高二丈五尺，部分增筑至三丈。其西、南两面的城墙，后为明朝都城城墙所利用，即从西门经栅寨门、龙光门、下水门至西干长巷，东折经南门至雨花门。东垣从今雨花门沿城墙向北，经上水门、东门，向北至竺桥；由此西折为北垣，沿珠江路南侧杨吴城濠南岸，经北门向西，沿今干河沿南侧、五台山麓，以当时尚通长江的乌龙潭为护城河之一段，再南折至西门。因此，六朝时位于乌龙潭北岸的石头城只能舍弃，在乌龙潭南岸另建军事基地，虽仍称石头城，但面积已大为缩小。城墙东南隅还建有“伏龟楼”，即城墙上一段向外凸出的部分，可以从侧面打击攻城的敌人。

金陵城由此定型，并对此后的城市发展产生重要影响。

相较于建康城，徐知诰将都城整体南移，放弃了六朝都城的北部地区。金陵城的北垣和新开的北城濠，正从台城旧址中间穿过。为了新城建设，残余台城城墙以及殿宇基址自须清理。作为东晋南朝宫城的台城，应是在此时方被完全拆除。同时，拆出的六朝墙砖也可用来建造新城。明代建都城时，拆除南唐北垣及东垣北段，这些砖又被用于砌筑明城墙。当代明城墙考古中，不但发现有南唐砖，而且发现有六朝砖，就是这个原因。

徐知诰能无视东晋以来流传已久的“风水”说，摒弃六朝都城格局，做出这样的规划决策，是有多方面的因素的。一是隋唐以来，都城规制已经明确，只相当于后世皇城的六朝都城的缺陷，也被看得相当清楚，以唐王朝继承者自居的南唐，新建都城自不可能再退回六朝都城的模式。二是徐氏父子初以位于今建邺路中段的唐昇州府衙作为经营基点，后金陵府署东迁到洪武路南端，南唐宫城就是由此拓展而成，所以都城北垣必须南移，才能符合宫城居都城中心偏北的规制。三是晚唐以来战乱不息，军兵所至，往往肆意掠夺屠杀，造成居民流失，严重地破坏经济生产与社会生活，统治者为了巩固政权，不能不保护直接创造财富的臣民。此外，南唐时宫殿的结构形式和建筑材料都与六朝时期有所不同，也决定了南唐不可能沿用六朝的宫城。

南唐都城的规划建设，同样体现了六朝以来南京城市规划的优良传统，从城市功能的实际需要出发，充分利用自然山水资源。城西北角利用石头山南麓冈阜为基础，西南角利用凤台山麓，东南角利用赤石矶，一方面可以省工省费，另一方面也可以有效避免水患。城西垣沿长江东岸建造，明显是出于以长江为自然屏障的意图。在城西北，则利用了与长江相通的乌龙潭为护濠，至五台山麓才向东开凿一段新城濠，自干河沿经北门桥至竺桥，至今仍称杨吴城濠。在城东，东门以北是疏浚六朝东渠和青溪水道作为城濠。东门南侧的上水门，对浩浩荡荡而来的秦淮河水，起到分流与管束的作用，进入城内的一支即“十里秦淮”，另一支则被引入城外新开河道南行，随城墙转折向西，过南门（今中华门）直入长江，成为东垣南段及南面城垣的护濠。对于包入城内的“十里秦淮”，则巧妙利用其自然曲折，将东门、南门、龙光西门 3 座城门设置在相应的空间节点上，使其不但成为金陵城中最重要的水源，也成为串联三门的便捷交通干道。这再次证明了秦淮河水系对金陵城格局的重要影响。

南唐宫城与护龙河

南唐都城的中心建筑是宫城。只是南唐宫城今已无迹可寻，明确的地标只有一个内桥，因正对宫城南门而得名。内桥南北跨秦淮河中支，在六朝时被视为运渎与青溪的分界点，其西河道属运渎，其东河道属青溪。由此可知宫城的中轴线是内桥以北卢妃巷（今洪武路南段）一线，也就是六朝建康城的南部。

据史籍记载，南唐宫城开东、南、西三门，无北门。宫城四面护龙河，现在只有南面河道尚存，即秦淮河中支之一段。换个角度说，宫城南垣的位置，正是依秦淮河中支而确定的，这同样显示出秦淮河水系对金陵城格局的重要影响。内桥在南唐名为虹桥，桥南中华路一线，即六朝及南唐都城的南北御道。因为秦淮河中支是重要的交通运输水道，所以内桥被建成高大的拱桥，以便桥下航船通行。直到20世纪80年代，上下内桥的坡道仍相当陡，近年来逐渐减坡，方较平缓。

出南门向东过东虹桥直达都城东门，向西过西虹桥直达龙光门（今水西门），这一东西干道也是六朝以来形成的，即秦淮河中支北岸的白下路、建邺路一线。因为都城西垣的修筑，沿江一线入城的通道只有龙光门和西门，位于东西干道西端的龙光门更为重要。自西虹桥沿宫城西垣北行，经今木料市、大香炉、明瓦廊、糖坊桥、估衣廊达北门桥，则是都城的南北干道。北门桥内外形成了都城北部的新兴商市，桥北道路逐渐北延，过黄泥冈（今鼓楼冈）可达长江边。

宫城中初建有延英殿、昇元殿、凝华内殿、雍和殿、昭德殿、穆清殿等。中主李璟建百尺楼、绮霞阁、清晖殿，后主李煜又建澄心堂。此外还有小金山、摩诃池、瑶光殿、柔仪殿、红罗亭、饮香亭、小蓬莱、望月台等园苑建筑。

宫城以北的小虹桥，亦称飞虹桥、红桥，跨城北护龙河，民国年间尚存遗迹，朱偰先生曾摄下照片。如今水道与桥梁完全湮没，据记载位于户部街与洪武路相交处附近。此地旧有小虹桥路，南接卢妃巷，北接老王府（今洪武路北段），1929年都被拓并入洪武路。由此可以知道，南唐宫城北垣与台城南垣相距甚近。

《金陵古迹图考》中的小虹桥旧影

东西两面的护龙河，如今也只剩下了桥名。东虹桥即今白下路四象桥，由此向北至娃娃桥，应是东护龙河水道走向，娃娃桥很可能是宫城东门外的桥。西虹桥即今羊市桥，在建邺路鸽子桥北。宫城西门外应也有桥，与娃娃桥相衡，应当在今张府园一带。20 世纪 90 年代以来的城市建设中，在张府园一带多次发现南唐护龙河石驳岸遗迹，也证实了史料记载。宫城东面有东宫和尚书省等中央行政管理机构。都城西北，石头山麓建造的石城清凉大道场，内有德庆堂，是南唐帝王的避暑离宫。

南唐宫城的位置，与六朝、隋、唐的政治中心有明显的承续关系，而在宋元两代，仍然被用作政治中心，其承前启后的作用十分显著。

东吴时在冶山上修筑的冶城，不但铸造兵器，也是与石头城相呼应的军事重地。西晋末年在冶山东麓建西州城，作为扬州府治。东晋后期扬州府治迁往东府城，西州城成为丹阳郡城。隋初在西州城的东部置江宁县衙，延续至唐。唐代中期置江宁郡，一年后改昇州，治所均在原江宁县衙，即今建邺路中段北侧。徐温、徐知诰父子相继任昇州刺史，以治所作为最初的经营基地。徐知诰营建金陵府署时，即由此向东拓展，以六朝御道的北段为中轴线，此后的宫城，即以金陵府署扩建而成。宫城位置于此，城市格局相对紧凑，也便于全城的规划和经营。一方面，隋唐两代，建康都城属于控制地带，不允许居民进入，留下了较大的发展空间。也就是说，徐氏父子营建宫城，与六朝建都一样，没有发生与民争地的情况，延续了南京城市发展史上的这一优良传统。另一方面，从内桥南抵镇淮桥的六朝御道南段，处于周边居民区和商业区之间的部分，虽然只剩 3 里左右，仍是城市的有效中轴线。金陵城既将秦淮河下游的居民区与商业区包入，自然会重视与其之间的联系。

南唐御道路面铺砖，两侧开排水边沟，并杂植槐、柳作为行道树，延续了六朝时道路绿化的传统。这些道路设施直到明代还保存着。御道两边分布着诸司衙门。御道以东地区以官僚衙署和府第为主，南端今信府河、军师巷一带是国子监，成为都城的文教区。御道以西地区主要是居民区和商业、手工业区，除了历史以来形成的大型集市以外，新出现的有金陵市、清化市等。秦淮河及其支流两岸，汇聚了大量商肆和手工业作坊，以及服务性行业如茶楼、酒肆、旅店，尤以城西南部为集中。金陵城不但是南唐的首都，而且也是最重要的商业都会。

宋元时期金陵城

北宋灭南唐，没有再像隋、唐那样贬抑金陵，而始终以其为东南重镇。因为江南已成为全国最重要的经济支柱，统治者只能设法控制、利用它，而不可能轻忽它。金陵都城以至宫城也都没有受到破坏。因为后主李煜当政时，南唐已经成为北宋的属国，宫殿的仪制规格都被相应降低，卸除了鸱尾和栏槛等显示尊严华贵的表面饰物，所以北宋就将这一套衙署完整地接收下来，作为地方政权治所。开宝八年（975 年）底改江宁府为昇州，即为行政等级较高的节度州，辖上元、江宁、句容、溧水、溧阳五县，昇州知府还兼任江南东路转运使。宫城前的虹桥改称天津桥，桥南御道也称天津街。天禧二年（1018 年）又改昇州为江宁府，并以 9 岁的皇子赵崇仁（即赵祯）任江宁府尹，充建康军节度使、管内观察处置使等，加太保，进封昇王，江宁府作为昇王封地，遂称昇国。4 年后，赵崇仁即位，史称宋仁宗，江宁府以“龙兴之地”，更成为有宋一代等级最高的州府。但庆历八年（1048 年）府治失火，延烧数日，只有一座便厅玉烛殿幸存，后虽恢复重建，但规制、工料都较简陋了。

北宋时对于南京影响深远的建设项目，是景祐年间（1034 年 ~1037

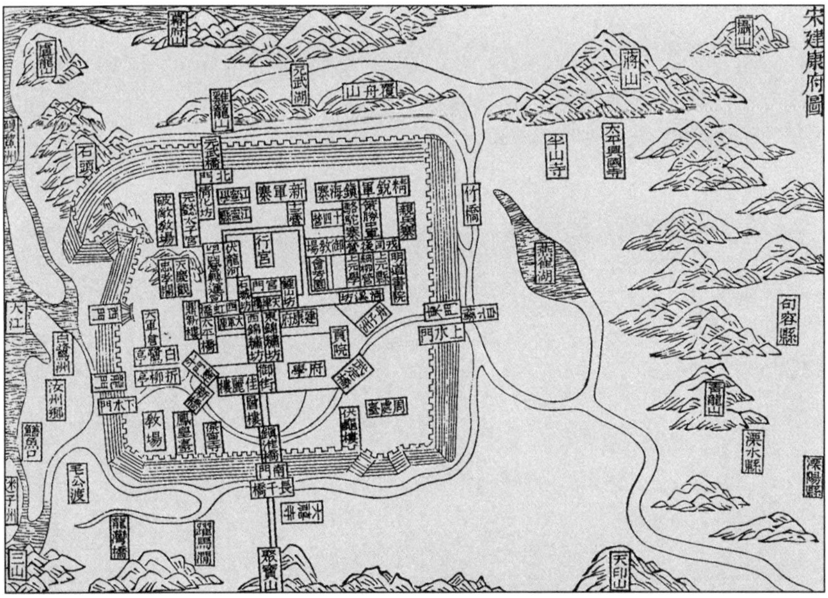

《金陵古今图考》中的宋建康府图

年）创立的江宁府学，即今秦淮河畔夫子庙的前身。后世屡经重建，明、清两代更成为南京的科举文化中心、人文荟萃之地。

南宋建炎三年（1129 年）改江宁府为建康府，统辖不变。建康知府也是江南东路的军事行政长官，并兼行宫留守、制置、安抚使、兵马都督等要职。南唐旧宫遂成为皇帝的行宫。第二年五月，入侵的金兵纵火焚烧建康府，行宫也遭破坏。金兵退走后，绍兴二年（1132 年）南宋重建建康行宫，次年在行宫东南，今中华路以东的王府园小区一带新建建康府治。建炎、绍兴年间，宋高宗曾三次驻跸建康行宫。

终南宋一朝，士人念念不忘恢复中原，希望朝廷移都建康，所以关于“金陵王气”的说法又被大大张扬，强调六朝故都地理位置的优越性。绍兴、乾道年间也曾两度修筑建康府城，但因长江以北尽入金人之手，统治者畏避，南宋最终定都临安（今杭州）。

两宋时期，建康府的城市格局、结构形态、交通网路、行政管理、军事机构等分布，基本上延续南唐旧有基础，没有大的变化。但由于南宋统治集团的整体南迁，中原居民不堪金兵压迫也纷纷南渡，建康城作

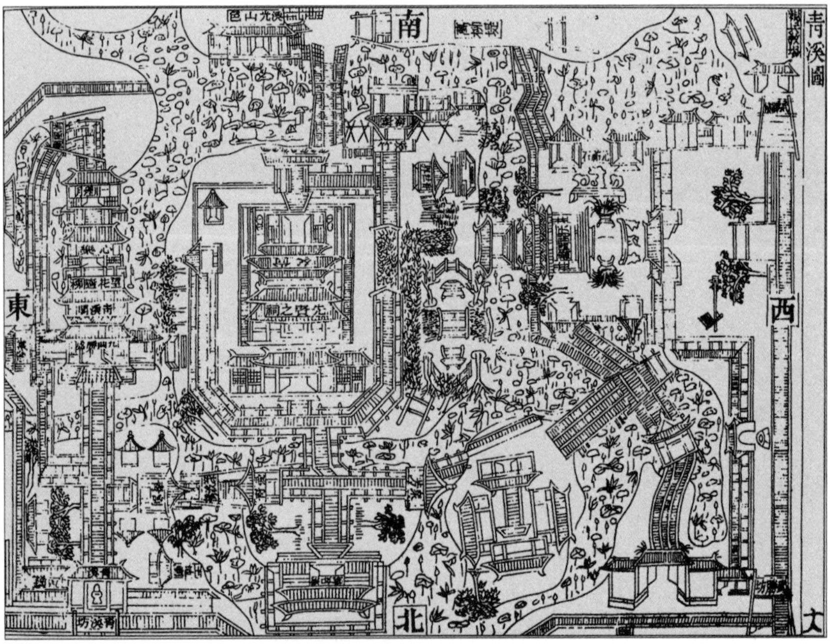

《景定建康志》中的青溪图

为江南重镇，富庶之地，人口增长迅速。在南宋末季马光祖任知府期间，城市建设也有所发展。南宋史正志《乾道建康志》载建康坊里是4厢20坊，100年后，周应合《景定建康志》所载坊里已达36坊，主要集中在秦淮河中支以南的城区中，天津街以西片区有20坊，以东片区也有12坊；秦淮河中支以北只有4坊。这一分布，说明直到宋末，秦淮河中支仍是城区南北的重要分界线，其南是居民区，其北属行政区。马光祖曾主持重建府治堂宇，于上元、江宁两县始建县学，又修江宁府学和明道书院；兴工疏浚护城河4765丈余，修筑同样长度的羊马墙；重修镇淮桥、饮虹桥，重建新亭、赏心亭和白鹭亭等；疏浚青溪，并增建堂、馆、亭、榭30余所，名青溪园。

元朝至元十二年（1275年）二月，大军进逼建康，守城宋军投降。建康府改称建康路，属较高等级的行政建置，并曾设行中书省、江南诸道行御史台、江淮行枢密院、行宣政院等更高一级行政机构，其统辖区划仍承宋朝旧制。建康府治亦被沿用。但南宋行宫则遭到破坏，租给百姓开垦种植，只留下一座阙门作为瞭望火警的高台。自此开始，初创于南唐的宫城区域，亦由南向北逐渐被开发蚕食，渐化为新的居民区。

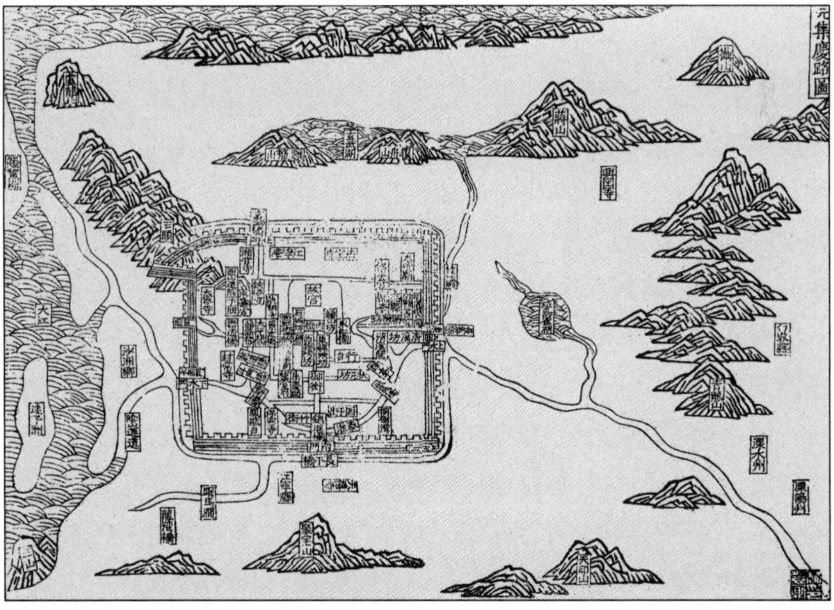

《金陵古今图考》中的元集庆路图

元文宗图帖睦耳登基前曾住南京5年,住所在今建邺路北大香炉一带。文宗在致和元年（1328年）登基，改元天历，就在钟山麓建大崇禧万寿寺。第二年又在他原住所建大龙翔集庆寺，由国家拨款，工部尚书主持，并改建康路为集庆路。两座寺庙都建得十分华丽壮观，如同宫殿。

至正十六年（1356年）三月，朱元璋率红巾军攻占集庆路，改集庆路为应天府。元朝虽尚未灭亡，但在南京的统治就此结束。

宋元时期南京水系变化

宋元时期，南京地区的最大变化，是因气候寒冷引发的水系变化。

北宋熙宁八年（1075年），王安石任江宁知府时，将玄武湖围湖造田，对此后城市生态造成长远影响。王安石在奏章《湖田疏》中说，“金陵山广地窄，人烟繁茂，为富者田连阡陌，为贫者无置锥之地”，所以他建议在玄武湖中“开十字河源，泄去余水”，“使贫困饥人，尽得螺蚌鱼虾之饶，此目下之利；水退之后，分济贫民，假以官牛官种，又明年之计也”。王安石因此得到二百余顷湖田，分给贫民耕种，暂时减缓了社会危机。但牺牲自然生态环境的后果，是南宋以后不断遭受水患，到元代不得不退田还湖。

王安石的历史功过另作别论。值得探究的是，在没有现代排灌设施的情况下，王安石是如何排出大量湖水、实现围湖造田的？

实际上，南京当时正处于一个枯水时期。早在天禧元年（1017年），时任江宁太守的丁谓就向皇帝上疏，报告玄武湖淤塞严重，并有化湖为田的情况，官府将湖田六十七顷租给百姓耕种，年收入租钱数百万。但他认为这样做“荫溉之利遂废”，是因小而失大，所以主张疏浚玄武湖。

据专家研究，9世纪至11世纪，相当于晚唐五代、北宋时期，中国处于凉干气候，降水量有较大幅度的减少。进入11世纪，曾多次出现历时长久的干旱。历史上，每当寒冷期代替温暖期，北方水草缺乏，就会出现游牧民族大规模向南方迁徙的情况。北宋王朝接连遭受辽、金、元的侵袭，不得不退居江南，直至灭亡，很大程度上是受到这一因素影响。

与之相类似的，是4世纪前后的一次寒冷期，导致中原地区沦入“五胡十六国”的大混战局面，而成就了在南京建都的六朝繁华。六朝时期同样有过一次水面收缩的过程，现在见于历史文献记载的河道数据，应该是已经收缩之后的。前文说过，新石器时期秦淮河宽达数百米，玄武湖尚是秦淮河入江水道的一部分。可见在南京地区，水面收缩、水位降低，是一个大趋势，而遭遇寒冷期时变化就更为明显。

北宋时期，玄武湖因枯水而水量大减，严重淤塞，所以王安石于湖心开挖十字河泄水，即可进行围垦。这是王安石依据当时现实情况做出的决策，此后的形势变化则非其所可预测。到南宋后期，气候已开始回暖，江南降水丰富，因失去了玄武湖的调节作用，遂致南京城里常遭洪涝之害。到元代终于不得不疏浚恢复玄武湖。这要算元朝统治期间对南京城市发展所做的最大的贡献，但湖面已大为缩小，大约只有六朝时期的三分之一。

同在宋代，秦淮河的水面也在大幅收窄。2010 年春，南京市博物馆考古部在门西颜料坊地块的考古中，发现了秦淮河岸边一处古码头驳岸遗址，可以清楚地看出，六朝时期的两岸码头之间，相距约在 100 米；南唐时期的码头，单侧收窄约 5 米。而宋代的河面，据文献记载，则急

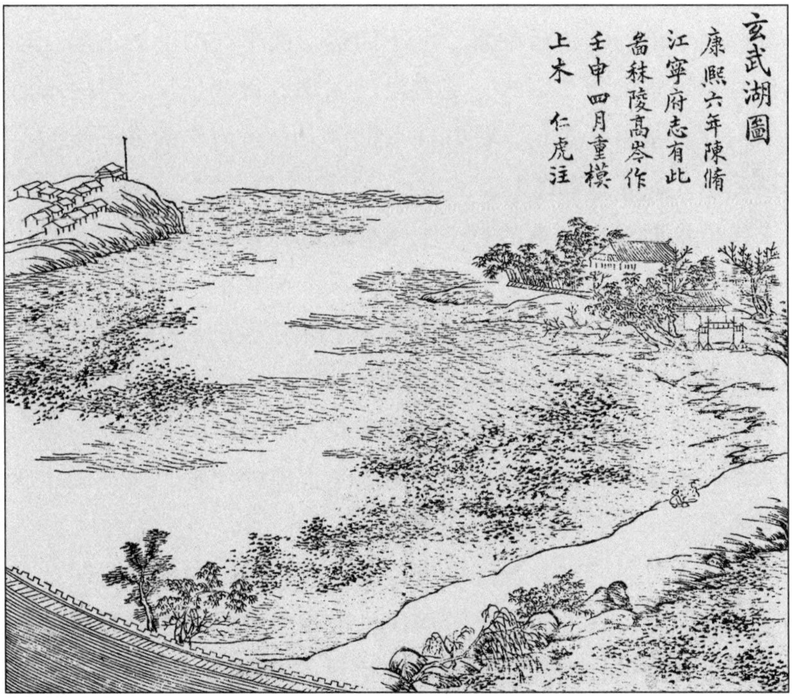

清版画：高岑画玄武湖图

剧收窄，仅剩四五十米。《景定建康志》卷十六记载，南宋乾道五年（1169年），建康府留守史正志重修镇淮桥和饮虹桥，两桥的长度是“镇淮长十有六丈……饮虹长十有三丈”。宋代16丈约合50米，13丈约合40米。而且新建二桥“率增其旧四之一”，都比旧桥长了四分之一，可见北宋时期的河道宽度要较此更窄。

南唐时期，秦淮河两岸居民已相当密集，所以枯水空出的河岸，很快被居民占据利用。同在乾道年间，建康守臣张孝祥曾向皇帝报告秦淮河发生水患的原因之一，就是“居民填筑河岸，添造屋宇”。

居民在空出的河岸上建房，一方面要解决斜坡上的地基平整问题，一方面也要防备河中水位再次升高遭淹，所以多在河岸坡地上垒砌地基，以与岸边地面取平；也有人在坡地上竖立木桩为支柱，在其上建房，有类于湘西的吊脚楼。这就形成了南京秦淮“河房”的两种主要建筑形式。这两种河房，都有下达河面的阶梯，以便取水、用水。所以南京的“人家尽枕河”是面街背河，与苏州人家的面河而居不同。

因为功能需要而产生的河房、河厅，以后成了秦淮河沿岸建筑的特色形式。河房前面街、后临水，上下通达，便于与河上的航船互动，正是秦淮画舫繁华的重要因素。更有沿河人家，得寸进尺，再向水面上修建凭水河厅、水亭、露台，桩基插入河中，导致河岸的进一步淤窄。如此恶性循环，秦淮河最终失去了当年的壮阔气势。

宋代枯水期对于南京的另一个重要影响，是长江岸线的西移。我们今天常说内秦淮河自西水关出城，与外秦淮河相汇，其实这一段水道，在元代之前，就是长江的水道，是白鹭洲、蔡洲等与长江东岸之间的夹江。莫愁湖、南湖等湖泊，也是原长江水道的遗迹。唐代诗人李白曾看到“三山半落青天外，二水中分白鹭洲”的美景，留下这脍炙人口的名句。此后因为蔡洲南部与长江东岸相连，阻断了上游的江水，这一段才成为外秦淮河的河道。

从史籍中可以看到，长江中近岸的江心洲渚，在六朝时期已有开发利用。隋唐时期，秦淮河中下游居民已经相当密集，近岸洲渚的垦殖开发，肯定更甚于前，而洲上居民也会达到一定数量。江岸与洲渚之间，平时须靠舟船交通，待到严重枯水之际，在夹江上修筑堤坝就很容易。

这堤坝又加剧了泥沙淤塞，就此永远阻断了夹江的水流。陆游的《入蜀记》中的记载，是重要的参照。南宋乾道六年（1170年）七月，陆游离开南京溯江而上，出水西门时，已不能自夹江南口入江，而须向北绕行，在石头山下出夹江北口。尽管顺水、顺风，鼓帆而行，但“港浅而狭，行亦甚缓”。可见白鹭洲与江岸之间的夹江南段已不能通行，北段也有淤塞，仅靠秦淮河入江之水，时值初秋，已见浅狭。

北宋初年，南京沿江见于史籍记载的沙洲不过5个，而到了南宋后期，《景定建康志》卷十九列出金陵城西南一带的江心沙洲，已多达19个，多为宋初以来新涨出的江心沙洲。这与秦淮河水道收窄恰在同一时间段。由此可见，北宋时期的极寒气候，也导致了长江水域的重大改变。虽说沙洲形态会有变化，但那一时期的大趋势，是沙洲由少变多、由小变大，应无疑问。原在大江中的蔡洲与长江东岸新林浦相连的时间，至迟就在元末明初。《至正金陵新志》中说：“蔡洲，今名蔡家沙，一名蔡家洲，在城西南十二里，周回五十五里，隔岸。”说明蔡洲在元末已成“隔岸”之势。而明万历年间顾起元《客座赘语》中考据城内外诸水，说到“宋时，

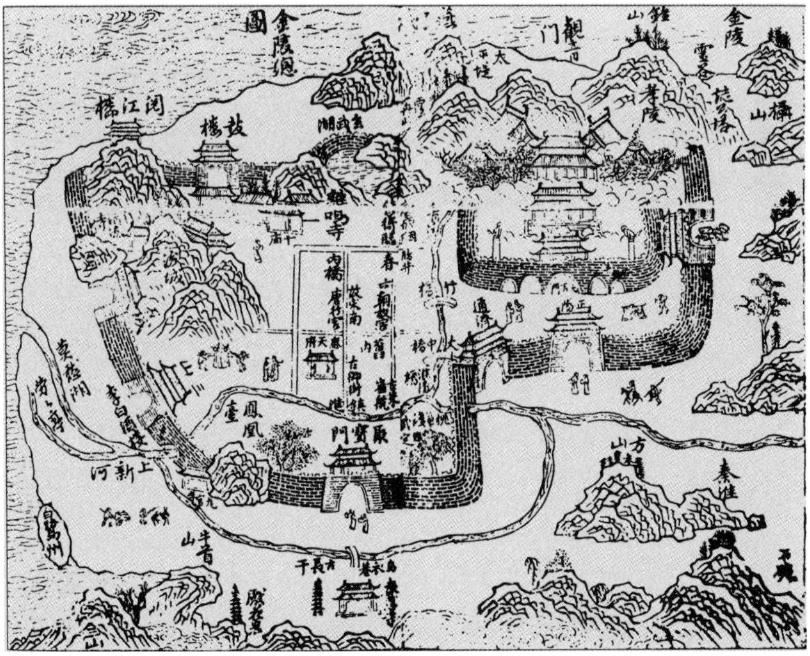

明版画：金陵总图

今水西、旱西二门外，似未有土地如今日广远，石城下即临江”，这“今日广远”的土地，应即是原与城一水之隔的蔡洲、白鹭洲、张公洲等，而此时长江已被远隔在蔡洲之西。在明万历年间《新镌海内奇观》中的版画《金陵总图》左下角，也可以清楚地看到，白鹭洲已与江岸完全衔接。

莫愁湖的形成，亦可作为江岸西移时段的旁证。莫愁湖确是因莫愁女的传说而得名，但若以为莫愁湖真是“六朝胜迹”，则肯定属于误会。只因早就有了“莫愁家住石城西”的名句，紧邻石城门（今汉西门）的新湖，遂顺理成章地被叫成了莫愁湖。莫愁湖之名首次见于文献记载，已是明代中期，正德《江宁县志》卷二载：“莫愁湖在县西，京城三山门外。莫愁，卢氏妓，时湖属其家，因名。今种芰荷，每风动，香闻数里。”湖的得名自应在入志之前，湖的形成更应在得名之前，说莫愁湖形成于元、明之际，当不会有太大的出入。至于明代初年，朱元璋与徐达在湖畔茶楼下棋，并为徐达建胜棋楼的传说，则只能姑妄听之。莫愁湖邻近的三山门（今水西门）、石城门，当时都是重要的交通节点，繁华商市，湖畔茶楼或有之，但胜棋楼云云，则可能是徐氏后人为侵占莫愁湖编造出来的。

宏图伟略建明都

元至正十六年（1356年）春，朱元璋改集庆路为应天府，就含有“上应天命”的意思。应天府成为朱元璋统一江南、夺取天下的坚实根据地。第二年秋天，朱元璋接受徽州隐士朱升“高筑墙，广积粮，缓称王”的策略，以此作为战略指南。当时各路农民起义军纷纷称王称帝，而实力最强的朱元璋却谦称吴国公，但他属下的军政机构日渐完备，职能分明，在连续征战的同时，实施军垦，储备粮食，发展经济，并自行铸造货币。至正二十四年（1364年）元旦，朱元璋称吴王，至正二十七年（1367年）改元称吴元年，以“驱逐胡虏，恢复中华”为号召，派25万大军北伐元朝大都。至正二十八年（1368年）正月，在应天府苦心经营12年的朱元璋，终于正式称帝，建立大明王朝，改元洪武，史称明太祖。八月，明王朝决定以应天府为南京，以大都（今北京）为北平府。南京由此得名，也第一次成为全国统一政权的首都。自此至永乐十九年（1421年）迁都北京，南京作为明王朝首都54年。此后，南京仍称南都或留都，是东南地区的政治、军事、经济、文化中心，直到明末。作为明王朝的尾声，

明版画：明太祖朱元璋（右）、明成祖朱棣像

在清朝顺治元年（1644 年）五月，南明弘光政权又定都南京，但仅维持一年就结束了。

朱元璋的吴国公府和吴王府，都是利用元朝御史台旧署，位于今内桥东南王府园小区一带，当时建有宫殿和围墙，旁有官府衙署。移居新宫后，这一片建筑被称为“旧内”，终明之世空关不准使用。至正二十五年（1365 年），朱元璋建国子学以搜罗人才，第二年八月改筑应天城，在钟山南麓作新宫，十二月建庙社宫室，祭告山川。吴元年（1367 年）秋，寰丘、方丘、社稷坛、太庙相继建成，新宫落成，环抱皇宫与旧城的新都城垣也已筑成。十二月甲子，朱元璋入居新宫。洪武元年（1368 年）十一月建大本堂，作为教育太子诸王的场所，第二年又立功臣庙于鸡笼山下。南京初步具备了王朝都城的规模。

此后几年，因朱元璋将建设重点转向凤阳中都，南京的都城建设明显趋缓，直到洪武八年（1375 年）停建中都，才进入一个新阶段，几乎每年都有重大的建设工程。皇宫及附属建筑陆续增修完善，都城城墙加固，又增筑了外郭，城中建造起鼓楼和钟楼，兴建国子监、应天府学和朝天宫，并在钟山下建造明孝陵，玄武湖中建立了黄册库。

朱元璋在南京城的规划建设上，同样显示了他的雄才大略。明初南京宫城的宫室制度，在中国宫殿建筑史上具有极为重要的意义。《明史·舆服志·宫室制度》中明确记载，永乐年间修建北京皇宫，“凡宫殿门阙规制，悉如南京，壮丽过之”，延续明、清两代五六百年的北京故宫，就是以南京明故宫为蓝本的。南京都城雄伟壮丽，城墙“高坚甲于海内”，周长超过 35 公里，面积达 40 余平方公里，成为当时的“世界第一大城”。这一大幅度跨越式发展而成的格局，不但满足了都城的功能需要，而且为此后 600 年的城市建设提供了发展空间。我们今天面对的南京老城，明代宫城区、城南居民区和清凉山—鼓楼文化区三个历史城区，就是在这个基础上形成的。

明初建都的宫城选址与建设

封建王朝的都城布局，核心是皇宫的位置。南唐金陵城已接受了中原的都城规范，将皇宫安排在都城的中心偏北，或者说在皇宫的位置确定后，按照这一原则来规划都城的格局。然而明初择定皇宫位置时，朱元璋再一次摒弃了这一原则，将皇宫安排在都城的东部一隅。这一打破常规的选择，是统治者正视南京城市发展现实，为满足都城功能实际需要而作出的明智决策。

明初建都时所面对的金陵城，虽然曾是南唐的都城，但经过宋、元时期的改造利用，以及数百年来居民区域的拓展，城区范围内已经没有满足新皇宫建设所需要的空间。当时城区之内，依南北中轴线，大致可以分为三片。原宫城以北一片，正是台城旧址，六朝偏安，更迭多舛，为朱元璋所不乐用，且至金陵城北垣距离短浅，空间逼仄，也不敷用。中间一片，原是南唐宫城、南宋行宫位置，然而在元初拆毁南宋行宫以后，多半已化为居民区。原宫城以南一片，本是稠密的居民区和繁荣的商业区，如果拆迁改建成皇宫区，就等于毁掉这座城市的精华部分，毁掉城市的经济依托，造成居民对新政权的强烈反感甚至对抗，也就失去了朱元璋定都南京的重要基础。朱元璋自不会出此下策。

朱元璋重视让百姓休养生息，“不忍伤民之财，劳民之力”，洪武初年多次减免赋税、鼓励生产，且一再告诫官吏清廉简省，不可扰民，强调“劳民费财，朕决不为”，有大量史实为证。据《明史纪事本末》卷十四记载，洪武元年（1368 年）地方府、州、县官来朝见，朱元璋告诫他们：“天下初定，百姓财力俱困，譬犹初飞之鸟，不可拔其羽，新植之木，不可摇其根，要在安养生息之而已。”

所以，原金陵城区内，已没有适合大规模兴建宫城的地块。

金陵城近郊，西边是长江，南边主要是成熟而富庶的耕地，又是丘陵区，显然都不适合用于建造皇宫。剩下的是东郊和北郊。鼓楼冈、鸡笼山一线丘陵以北的金川河流域，虽然是较平坦的未开发区域，但西北和北部都濒临长江，倘若将皇宫建于此地，一旦有敌军渡江来攻，皇宫便首当其冲。朱元璋就曾在上新河、龙江关一带进行过激战，记忆深刻，所以这一片区作为军事驻防区更为适当。唯一可以供选择的，就只剩东郊了。当时的金陵城东郊，还是一片农田，居民稀少，从地形上看，紫金山及其余脉和玄武湖成为天然屏障，青溪、秦淮河既可解决供水需要，又可利用为城濠。皇宫建在这里，与西南的老城区、西北的军事区，交

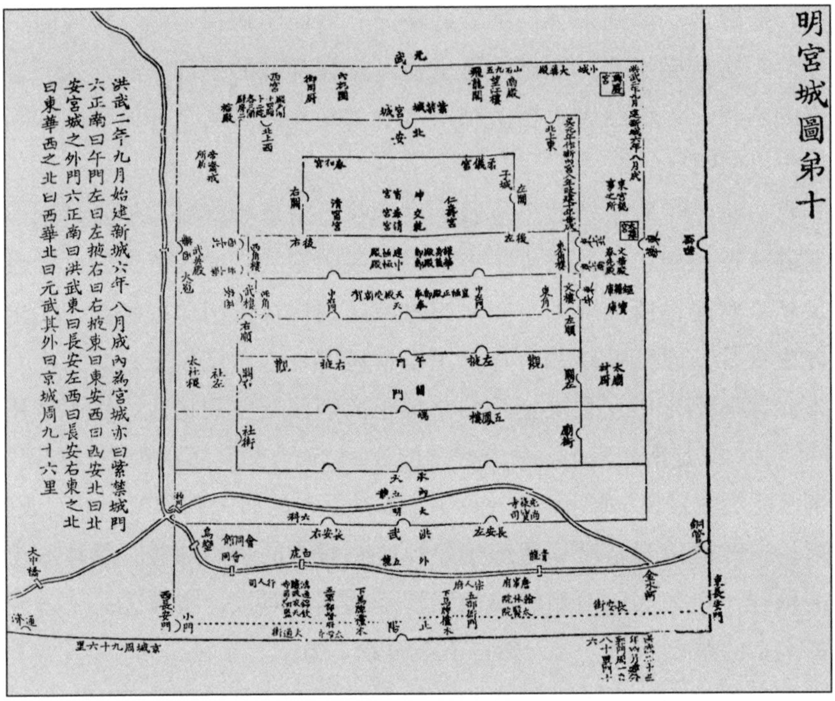

《同治上江两县志》中的明宫城图

通联络都方便。开辟这片新城区，也顺应了朱元璋开创新基业的心理。唯一不利的因素，就是青溪流域遗留下的水道沼泽，尤其是面积不大的燕雀湖位于地块之中，需要填平。多方权衡利弊得失，在金陵城东郊另建新皇宫，可以说是当时的最佳选择。

皇宫由内层的宫城和外层的皇城组成。宫城又称大内、紫禁城、禁城，始建于吴元年（1367 年），东西宽约 750 米，南北长约 950 米，周长约 3.4 公里，略呈方形。城垣南部中间一段凹入，正中为午门，后在两侧增开左掖门、右掖门；东门为东华门，西门为西华门，象征日月的光华；北门为玄武门，俗称厚载门，今讹为后宰门。宫城内南北轴线上，午门北为内五龙桥，桥北为奉天门，门内依次为奉天殿、华盖殿、谨身殿，合称“前朝”。“前朝”以北是乾清门、乾清宫、坤宁宫，建文年间在两宫之间增建省躬殿，合称“后廷”。两者组合成为“朝廷”。南北轴线以东，依次建有文楼、文华殿、奉先殿、东六宫等；以西依次建有武楼、武英殿、春和殿、西六宫、御花园等。宫城初建时较为简朴，洪武八年（1375

年）开始改建，两年后竣工，“制度如旧，规模益宏”，此后陆续有小范围的增修改作。

在洪武三年（1370年）兴建、次年十月建成的奉先殿，是朱元璋的一个创举。他认为太庙里的祭祖活动有严格的时节规定，不足于寄托孝思，为了能够经常性地祭奠祖先，他在奉先殿中供奉自己的四代先祖，随时都可以去烧香祭拜。这也成为他推行“以孝治天下”的一个标志。

宫城中轴线向南延伸至皇城洪武门、都城正阳门，向北延伸至皇城北安门、都城太平门，也就成为明代的都城中轴线。

宫城之外为皇城，作为宫城的护卫设施。皇城的位置，大致在今龙蟠中路以东、南京博物院以西、大光路以北、佛心桥以南，东西宽约2公里，南北长约2.5公里，周长约9公里。皇城南部凸出，形成“T”形空间，以增加中轴线的纵深感，强调皇权的威严。进洪武门为南北向的千步廊，两边建有廊屋，为中央官署五部六府（六部中刑部另设于太平门外）所在地，循御道向北，依次为外五龙桥、承天门、端门。端门正对宫城午门，两门之间的御道两侧建有宫墙，气氛森严；宫墙以东为太庙，以西为社稷坛。皇城东门称东安门，对宫城东华门；西门称西安门，对宫城西华门。西华门至西安门的距离，约为东华门至东安门距离的两倍，是永乐三年（1405年）拓宽皇城西垣所致。东安门、东华门、西华门、西安门之间形成皇宫的东西中轴线。北门称北安门，对宫城玄武门（后宰门）。

晚清时的午门迄南御道

都城三大功能区的形成

明初都城的格局，是在皇宫位置确定之后重新规划的。它必须包容老城区和新建的皇宫区，因而在兴建新宫的同时，已开始对南唐金陵城城墙进行改造。一方面，是将金陵城西面和南面的城墙进行拓宽、增高、加固；另一方面，是保留了金陵城东墙的南段，在原东门附近折转向东延伸，到皇宫以东转而向北，到皇宫以北再转而向西，直到太平门，将新建的皇宫区域包容在内。

南唐都城的北墙已无法沿用，朱元璋曾打算将都城北墙建在玄武湖南岸一线，沿鸡笼山向西延伸到鼓楼冈再转向清凉山，利用天然冈阜为墙基，与改造后的金陵城西墙相衔接。现鸡鸣寺后尚存200多米城墙，被人们误认为台城的，便是这项工程的遗迹。但不久朱元璋便放弃了这一方案，很可能是考虑到都城北墙与长江之间，留下了大片开阔地带，不利于防守。即便驻扎重兵，军队位于城内与位于城外，防御效果也是大不相同的。所以朱元璋最终决定改由玄武湖西岸向北筑城，直逼长江边，再西行至外秦淮河东岸，南下与金陵城西墙相接，将富贵山、覆舟山、鸡笼山、卢龙山（今狮子山）、四望山、马鞍山、清凉山等众多丘陵都包容进城内。这样，南京城的格局，便成了在南唐金陵城、新建皇宫区

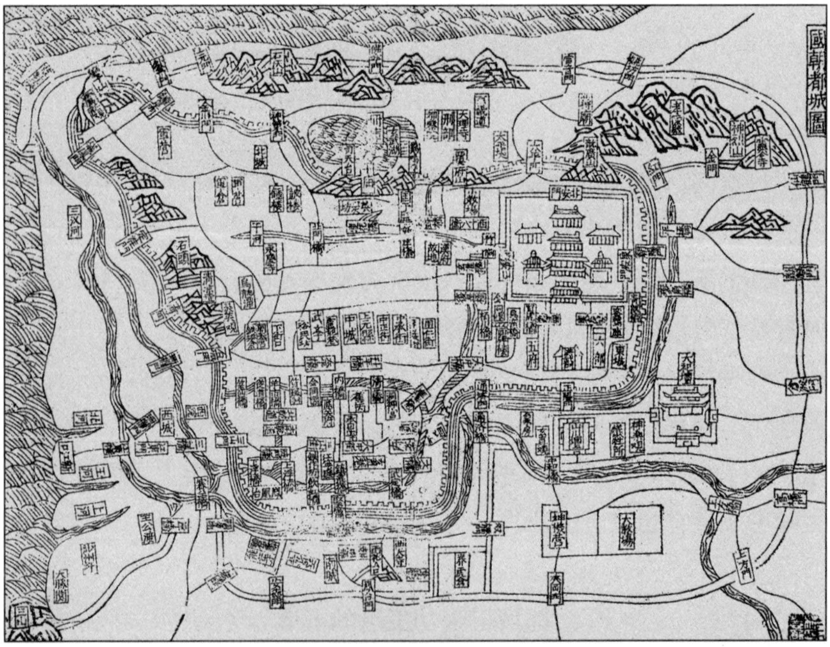

《金陵古今图考》中的国朝都城图

这两个方块的北面，又增加了一个更大的不规则方块。三个方块拼合的结果，使南京城成了这种令今人难以理解的怪模样，但具体分析，明都城的城墙，一是利用南唐以来的旧城址；二是利用自然冈阜，“据冈垄之脊”，凭险制高；三是利用玄武湖、外秦淮河等自然水道为城濠，其走向完全是从功能需要来确定的。从标示地形的现代地图上，可以十分清楚地看出，南京城墙的多处转折，都与自然山水的分布紧密相关，其原则是尽可能将山冈包进城内，将水面留在城外，以有利于城防。

新测南京城市详图

都城四面开 13 座城门，都建有重檐敌楼，石城、三山、聚宝、通济、正阳 5 座城门还建有内瓮城。因为这几座城门外都紧邻护城河，无法修造中原都城通常采用的外瓮城规制。至于朝阳门外曾经存在的外瓮城，神策门外现存的外瓮城，据专家考证都是清代后建的。

这 13 座城门，也是根据城内三个不同功能区的需要以及各自的交通干线布局而设置。

三大功能区中，最符合传统礼制规范的是皇宫区。除了没有居于都城中心偏北这一点以外，明代皇宫是严格按照传统礼制规范建造的。与此相应，环绕护卫皇城区域的都城城墙，也较为规整，接近于长方形。都城正阳门（今光华门）正对皇城洪武门，在皇宫南北中轴线上。朝阳门（今中山门）在皇宫东西中轴线稍偏北，因城外宽阔的月牙湖影响出行。

太平门本应在皇城南北中轴线上，因后宰门外正当富贵山，所以不得不西移至富贵山与覆舟山之间，以便交通。

第二个功能区是都城北部军队驻防区。其东面紧贴玄武湖，湖面宽阔，无路可走，所以直到玄武湖北端才开设神策门。都城北墙外是长江湿地，自神策门到金川门，基本是一条直线。金川门的位置依金川河而定。金川门以西，为了将卢龙山包进城，形成一个突出的尖顶。卢龙山是朱元璋情有独钟的山阜，元末他在这里与陈友谅的会战，是决定成败存亡的重要决战，所以一度打算在山头建阅江楼以为纪念。他十分看重此山的战略意义，所以专门在山的东、西两侧开设钟阜门和仪凤门，以充分发挥其军事制高点的作用。自仪凤门向南，都城西墙紧临的外秦淮河，是南京重要的运输水道，所以沿河开辟了定淮门和清凉门，既方便交通，也可以用于阻击自长江上溯的敌军。这一区域内主要建置军卫营房和贮藏仓库，并开辟教场，用于军事训练。当时都城驻军常在 20 万人以上，按照明初的驻军屯垦政策，和平时期从事农业耕作，都城北部有相当一部分土地仍用于垦殖。

第三个功能区是居民商业区，即原金陵城区。明都城西墙南段和南面城墙就沿用了南唐旧城，西面的石城门和三山门、南面的聚宝门也是据南唐旧城门重建的。由于城门内外已形成交通干道，所以位置没有变化。因金陵城东门被拆除，为维持城区原有的交通格局，所以在其附近新开朝南的通济门。皇宫区是一个控制严格的禁区，虽与居民区相邻，但百姓不得进入皇宫区，要向东出城，只能走通济门和太平门。原金陵城东面的护城河，此时成为皇城西面的护龙河，可见明代皇宫没有一寸地进入老城区。

明初宫城的选址，继承了六朝以来在居民区以外另择新址的好传统。南京城的这一次布局规划，虽然不及传统都城格局的庄严规范，却避免了在旧城区大拆大建的损失，充分体现了朱元璋讲究实用的农民本色，也符合明初让人民休养生息的政策精神。在元末明初那个国力衰微的时代，这无疑是十分明智的。而城市与自然山水的有机结合，和谐交融，也在无意间造就了南京城在历代都城中的别具一格。

都城修建过程中，处于城市周边的古城墙与城堡多被利用，加筑改建，

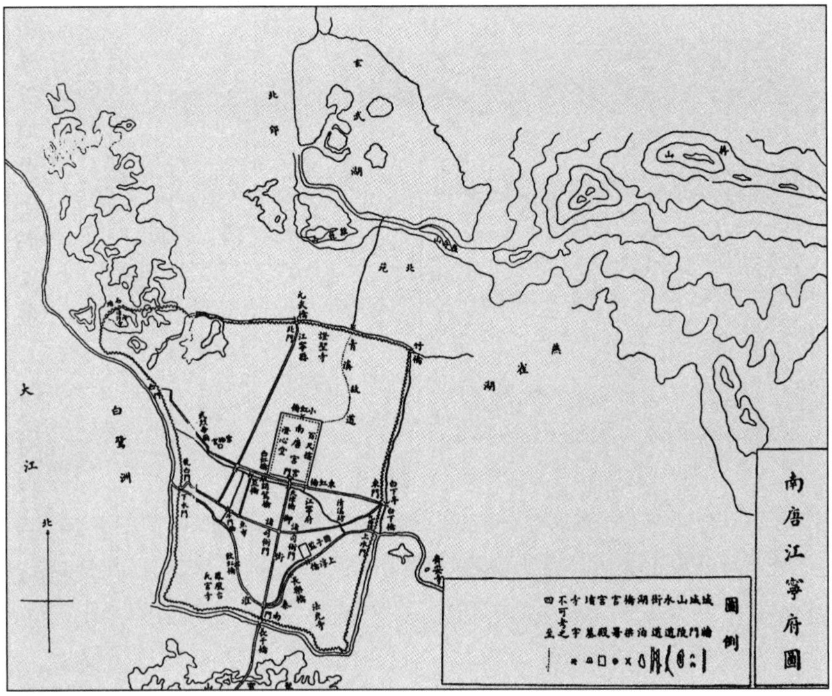

《金陵古迹图考》中的南唐江宁府图

成为新城墙的一部分。被包入都城之内的大小城垣堡垒，则都被拆除，以使全城成为一个统一的规划区域，其城砖则用于新城墙的建造。这对于南京城市发展是有利的，但六朝以来的城垒遗迹，如石头城、东府城、白下城、南唐北城墙等，此后再无从寻觅。都城西墙将清凉山完全包入，石头城从此湮没，现鬼脸城处的城墙，经考古证实正是明代所建。但明初汉西门原名石城门，因为正对石头城而得名，而鬼脸城偏南的城门则名为清凉门，可见南唐时期石头城的位置肯定是在汉西门与清凉门之间。

洪武十五年（1382 年），在城中修建鼓楼和钟楼。鼓楼至今尚存，位置未变，成为南京城中的显著地标。钟楼原位于鼓楼之西，在清康熙年间倒塌，遗迹不存。所遗大钟现移置鼓楼东北的大钟亭保存。鼓楼下方开三座拱券门，当时是自老城区通往城北驻军防卫区的交通咽喉，南北交通干道从其中通过，发生意外时军方很容易控制。这一状态一直保持到清代末年。

洪武二十三年（1390 年），为进一步加强南京城防，又动工建造外

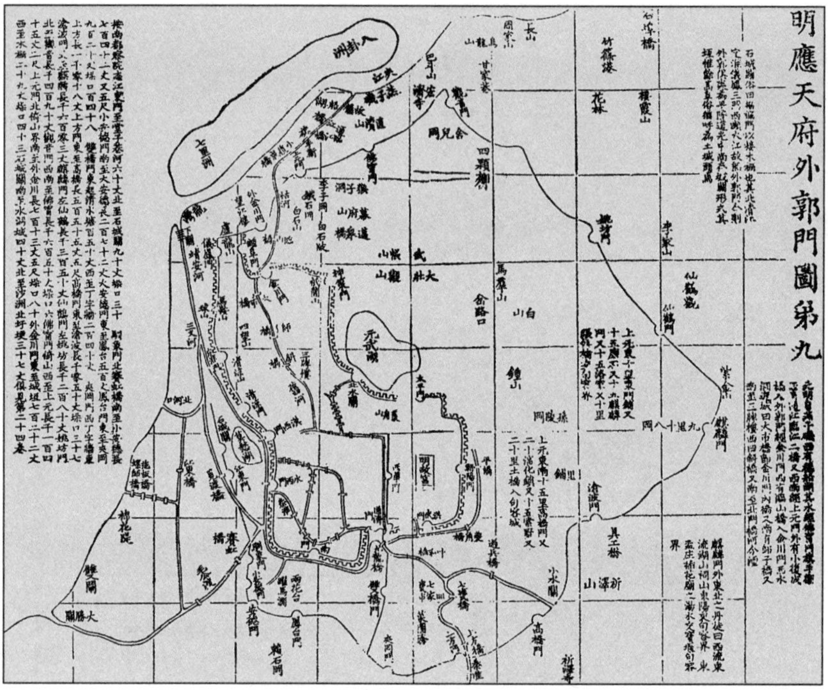

《同治上江两县志》中的明应天府外郭门图

郭，形成了宫城、皇城、都城、外郭四重城垣。外郭自都城北面长江边的外金川门起始，沿江岸向东北修筑，将幕府山等江防重地都包入外郭，到燕子矶附近开观音门；由此转折向东南，在紫金山东麓开麒麟门，再转折向西南，将玄武湖、紫金山全部包入；再沿城东南冈垅直抵南端夹冈门，折向西北，直到长江边江东门，将南郊雨花台一带制高点也包入外郭；外郭西面没有合围，自江东门到外金川门之间，利用长江为天然屏障。外郭周长约 60 公里，主要利用丘陵冈垅，筑土为垣，故民间俗称“土城头”；只在险隘处用砖砌筑郭墙，并建造城门，砖砌部分约 20 公里。外郭城门，各书记载不同，自 15 门到 19 门说法不一，门名也不统一。民间普遍认为 18 门，有南京城门“里十三、外十八”的俗语。

明代的市区建设

在皇宫与中央机构府署之外，明都南京还有一些重要的城市建设项目。

朱元璋称吴王时，即建国子监以收罗人才。当初国子监沿用了宋、元府学旧址，即今夫子庙。新的国子监于洪武十四年（1381 年）建成，面积很大，东到小营，西抵进香河，南至珍珠桥，北迄鸡笼山麓，今东南大学校园都在国子监旧址之中。洪武、永乐年间，国子监生一度多达八九千人，编撰《永乐大典》时，有大批国子监生参与其事。当时全国会试考场亦在此地。永乐北迁之后，南京国子监保留，称南监，并作为乡试考场。

国子监迁新址后，夫子庙原址成为应天府学及上元、江宁两县学。景泰年间将贡院迁到夫子庙东侧，此地遂成为全国重要的科举中心，夫子庙建筑群是陆续扩建而成的。嘉靖年间在明德堂后增建尊经阁，万历年间续建青云楼，又在庙门前建“天下文枢”巨坊，造聚星亭，在泮池下首造文德桥。经明清两代不断扩建，江南贡院最终拥有号舍两万多间，加上官房、膳房、库房等附属设施，占地面积近 30 万平方米，其规模之大居全国各省贡院之首。再加上为考生服务的各种行业，形成一个庞大的文化市场，直延续到清末废科举为止。

洪武十七年（1384 年），在冶山南麓道观旧址上建朝天宫，作为演习宫廷礼仪的场所。现存朝天宫为清同治年间重建，仍属江南地区规模最大的古建筑群。

鸡笼山上，元代至正元年（1341 年）建造的司天台，在洪武十八年（1385 年）扩建为观象台，也就是当时的国家天文台。鸡笼山南麓建有表彰明代开国功臣、历代帝王名臣以及供祀道教神仙的十庙。

值得注意的是，朱元璋虽然建造了一座空前庞大的都城，但并没有把城市建设局限在城墙之内。环都城城墙之外，几乎都有重大的建设项目。东面朝阳门外，钟山南麓独龙阜玩珠峰下的明孝陵，是规模宏大、结构复杂、建筑精美的皇家陵寝，周长达 45 里，有专设的孝陵卫军守护。明孝陵周围，散布着多座高规格的明初功臣墓。

都城东北的玄武湖中设有收藏国家户口赋役簿籍的黄册库，自洪武二十四年（1391 年）起，先后在湖中梁洲、环洲、樱洲建造库房 960 间，至明末存放黄册达 170 万本，可以说是中国古代规模最大的档案库。黄册库有严格的管理护卫制度，沿湖隔几十步就设立一处铺舍，分班巡查。有明一代，玄武湖也因此成为禁区。

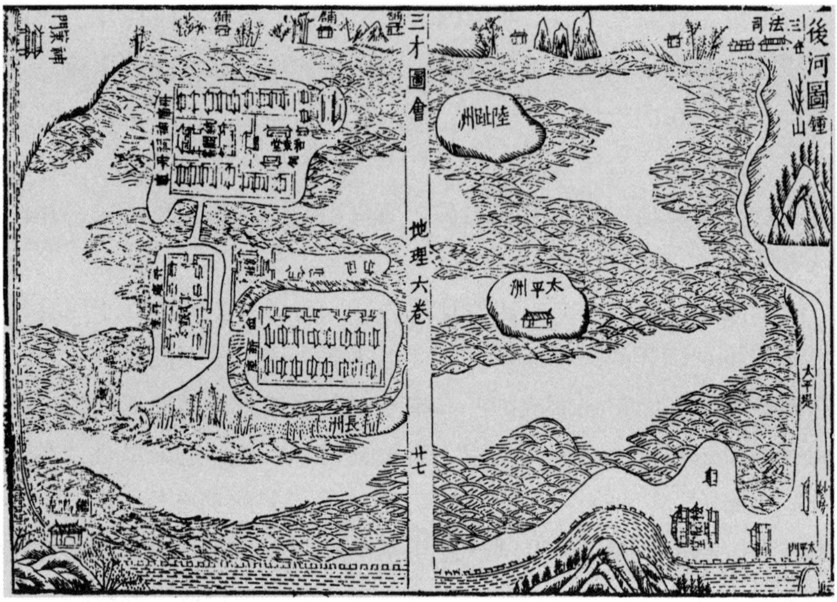

明版画：后河图

太平门外太平堤西侧，是刑部、都察院、大理寺三法司所在。刑部是六部中唯一不在皇城内的中央宫署，其周围建有高大围墙。从明代王圻《三才图会》中的《后河图》上，可以清楚看到湖中各洲黄册库、神祠的分布情况，沿湖铺舍及三法司的位置。

南面聚宝门外，自明成祖永乐十年（1412 年）至明宣宗宣德六年（1431 年），前后历时 19 年，建造起皇家规模的大报恩寺建筑群。寺中的一座九层八面五彩琉璃塔，开世界琉璃宝塔之先河，建成之际即号称“第一塔”，中外瞩目，近世更被与长城、罗马大剧场、比萨斜塔等并列，誉为“中古时期世界七大奇观”之一。18、19 世纪的西方报刊上，曾登载过大量报恩寺塔的图画。

明成祖朱棣不惜代价建造大报恩寺，据说是为了报生身父母朱元璋和马皇后的大恩。朱元璋因太子早逝，传位于太孙朱允炆，史称惠帝，年号建文，俗称建文帝。朱棣遂发起“靖难之役”，在建文四年（1402 年）夺取皇位，次年改元永乐。民间因此传说朱棣生性凶残，非马皇后所生。朱棣选择在城南居民区中建造大报恩寺，固因此地古来即是佛教圣地，但也不无想在平民百姓中造成影响的意图。

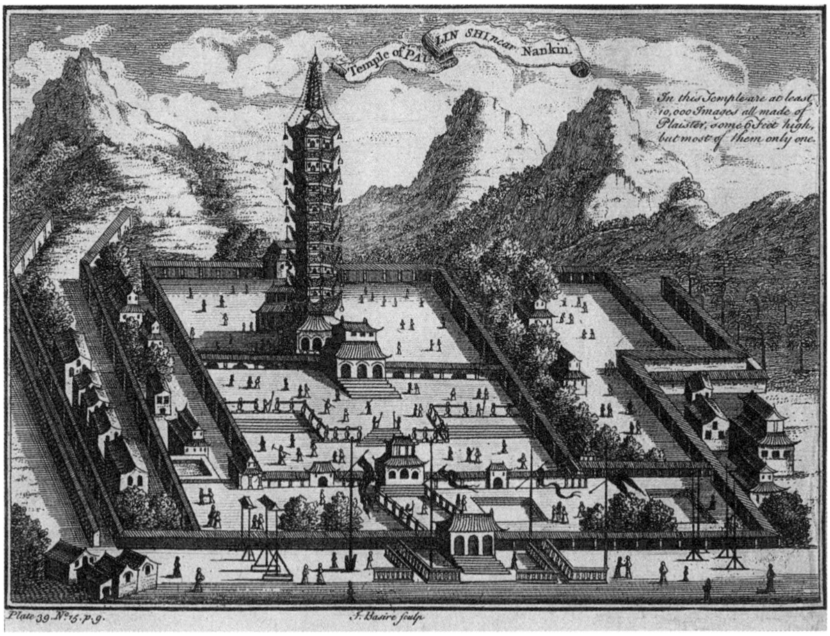

英国人绘大报恩寺全景

都城西边的外秦淮河两岸，从仪凤门、石城门到三山门一线，分布着众多水陆码头，因而成为重要的商品集散地，繁华闹市的外延区。明初朱元璋建“十六楼”接待往来客商，有十一楼在三山门、石城门外，两楼在聚宝门外西侧。这一带早在六朝时期已是繁华的商品集散地，而由于南唐建城，使其集中到城门口附近。官方在这一带建立多处类于后世的栈房之处，供客商中转存放货物，也便于收税。万历年间，顾起元《客座赘语》卷一载：“城外惟（唯）上新河、龙江关二处为商帆贾舶所鳞辏，上河尤号繁衍。近年以税重，客多止于鸠兹，上河遂颇雕勚，人有不聊生者。”因为税重，商船转去芜湖一带集散，以至影响到上新河的繁华。其时龙江关不但是重要的税关，也是对外交往的窗口。清康熙年间，吴敬梓在《龙江关》诗序中说：“龙江关在大江口，东南诸国进贡者，梯航数万里，每岁必至，立关于此，以招来之，所以柔远人耶。”随着秦淮河入江口北推至龙江关，位于仪凤门外的下关地区，在明初即建造起皇家规模的静海寺和天妃宫，是与“郑和下西洋”相关的宗教建筑。金川门外另有龙江市，是柴炭等物资的聚散地。

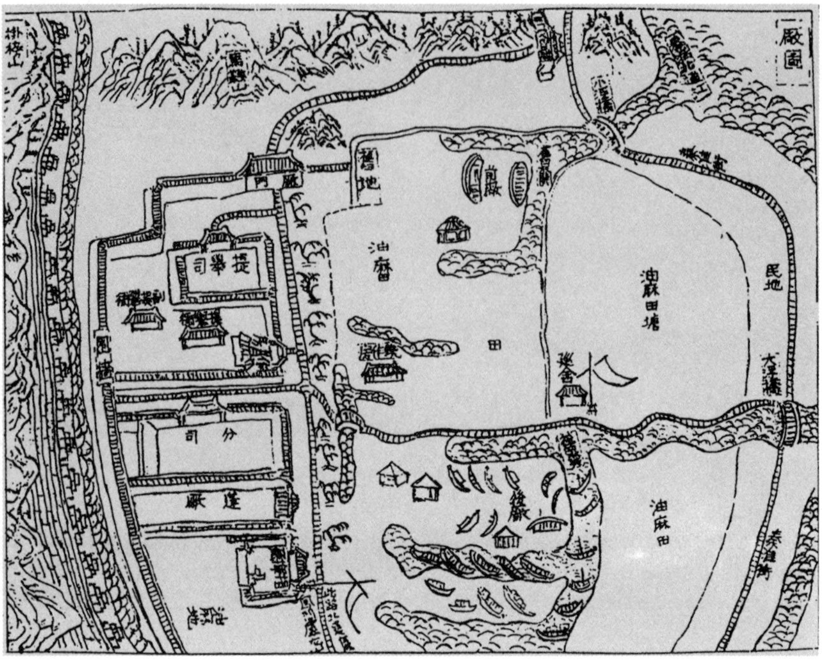

明版画：龙江船厂图

定淮门外的龙江船厂和宝船厂，是南京河西地区时代最早、规模最大的皇家建设项目。在夺取政权的关键战事中，水军、水战多次发挥巨大作用，所以立国之初，朱元璋就十分重视造船事业，曾将建造皇宫的钱粮和木料移用于龙江船厂，以求迅速加强海运能力，满足向北征军队提供粮饷的需要。同时，为了谋求安定的国际环境，朱元璋在洪武初年就连续派出外交使团，分别出访日本、高丽、安南等 36 国，开展“宣德化以柔远人”的和平外交活动。明成祖朱棣继承了这一政策，特别是自永乐三年（1405 年）到宣德八年（1433 年）的 28 年间，郑和统领的庞大外交使团七下西洋，远航十余万里，到访 30 余国，成为世界航海史上的一个壮举。每次远航返回南京，郑和都要进宫，向皇帝详细汇报相关情况；带回的西洋珍宝、奇花异树，也是首先献入宫中。

清代的城区变化

明初修筑的宏伟空前的城墙，在古代攻防战事中，并没有显示出太重要的作用。建文年间的“靖难之役”，清初大军渡江南下，都是在兵临城下之际，城内守军开门投降。

永乐十九年（1421年）迁都北京，是南京皇宫命运的一个转折点。此后，皇宫就不断衰败，曾遭火灾，也因年长日久而朽坏，而朝廷明令不许维修。《客座赘语》卷八转引《大明会典》，成化十六年（1480年）有“南京皇城内宫殿不许重修”之例，以致“宫门任其颓敝”。明朝末年，南明弘光帝在南京继位，因三大殿无从使用，只能在西侧的武英殿登基理事。康熙年间，清圣祖南巡时曾感慨，南京城里民居商市依然繁华，而宫殿竟全都坍塌了。

这也说明，在南京城市发展史上，皇宫区同其他一切外加于城市的设施一样，是一种不稳定的建设区域，它在某个阶段会因建都而迅速趋于极度繁华，但也会因王朝的中心转移或溃灭而同样迅速地趋于荒废。城市中真正具有持久生命力的区域，是基于满足市民生活需要而自然形成的功能区域。

顺治二年（1645年），清军南下，南明弘光帝逃走，官员开城门投降，南京城在改朝换代中没有受到大损失。闰六月，清廷改应天府为江宁府，隶属江南省，仍下辖上元、江宁、句容、溧水、高淳、溧阳、六合、江

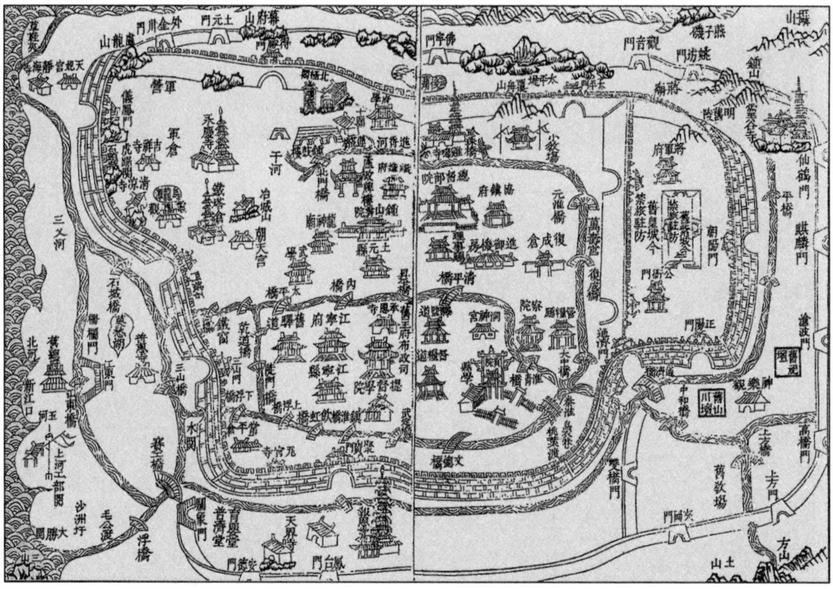

《江南通志》中的江宁府城图

浦八县（雍正八年后溧阳县改属镇江府），上元、江宁两县附郭，同城而治。顺治四年（1647 年），置江南、江西、河南三省总督，驻江宁，可见朝廷对江宁府的高度重视。顺治十八年（1661 年），江南省划域分治，江宁府隶江南右布政使，治所移苏州，江南左布政使却寄治于江宁府。康熙六年（1667 年），江南省分为江苏、安徽二省，江宁属江苏省，省治在苏州，而安徽布政使司仍设在江宁，成为一种怪现象，直到乾隆二十五年（1760 年）才移治安庆府。同时江苏省增设江宁布政使。布政使司为清代省级行政机构，江苏一省却有两布政使司，也可见江宁地位之特殊。自康熙二十一年（1682 年）起，两江总督即长驻江宁。有清一代，江宁府始终是东南地区的政治、军事、科举、文化中心。

清军入城后，首当其冲遭到改造的是明皇宫，被用作满族八旗武装的驻地，称八旗驻防城，也称满城。驻防八旗由江宁将军统辖，将军府就设在明皇城的西南部。旗人为了保持血统纯正，与汉人不混居，更不通婚，所以官兵家属也都住在驻防城内。

八旗驻防城的范围，比明皇城还要大一些。驻防城东墙和南墙利用了明都城城墙，同时将皇城的西墙南延，至通济门东侧与都城城墙相接，

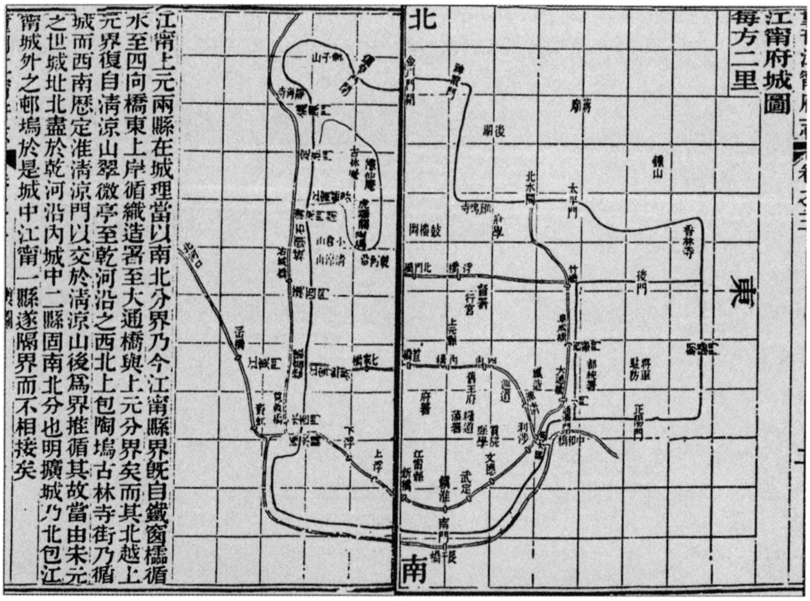

《重刊江宁府志》中的江宁府城图

将皇城的北墙东延，与都城东墙相接，形成一个大致的正方形。驻防城四面的城门，东面即朝阳门，南面即正阳门，西面即西安门，但又于近通济门处开一小门，北面即厚载门，改称后门。

清朝其他官署，多沿用明朝旧衙署，或以明朝权贵府第园林改建。两江总督署建于原明初汉王府旧址，即今汉府街口总统府所在地，但范围要大得多。江宁织造署初建于两江总督府南面，当时名利济巷大街，即今大行宫、利济巷一带，因清圣祖南巡曾住织造署内，乾隆十六年（1751年）改建为行宫，而织造署迁往淮青桥东北明人息园旧址重建。江宁布政使司署在大功坊徐达府第旧址，即今瞻园。江宁提刑按察司署建于奇望街针工坊口，即今秦淮区一中心小学校址。后按察司迁苏州，司署改作江南盐法道署。江安督粮道署也在大功坊，布政使司署之东。江宁府署沿用了明应天府署，在今府西街，上元、江宁两县署也都沿用明朝之旧，分别在今白下路昇平桥和长乐路三坊巷。乾隆二十二年（1750年），另在栖霞山中建行宫，今犹存遗迹。江宁府学设在明国子监旧址。上元、江宁两县学则在明应天府学，即今夫子庙。江南贡院仍为仅次于北京的全国

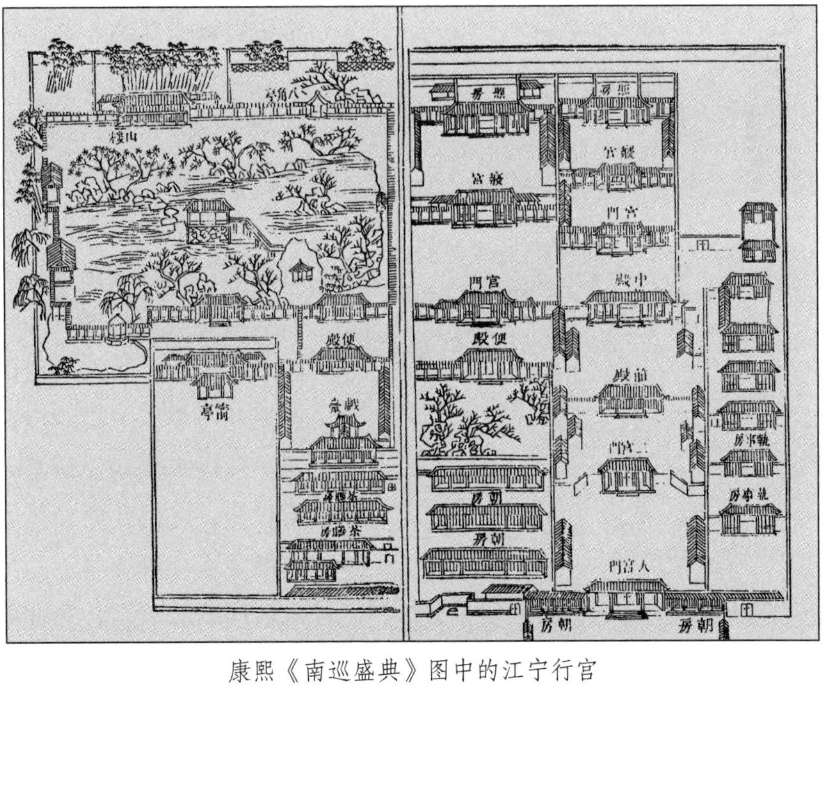

康熙《南巡盛典》图中的江宁行宫

第二大科举考场，江苏、安徽两省的秀才都来此应乡试。

咸丰三年（1853 年）至同治三年（1864 年）间，江宁府被太平天国定为都城，改称天京。经此战乱摧残，城中房屋十之八九毁于兵火，六朝建都以来 1600 年文化遗存，明初建都以来 500 年和平发展成就，毁于一旦。至清军攻陷之际，城内居民仅剩 2 万人。

太平天国年间最重要也最早开始的建设工程，是在原两江总督署旧址建造天朝宫殿，俗称天王府。因为需要建筑材料，拆毁了明宫城西墙，而留下了皇城西墙作为天王府东面屏障。自西安门到北安门十余里间的残存殿宇砖石，清乾隆行宫及周围官署、民居、陵墓、祀庙、桥梁，均被拆用，征调数万平民百姓，苦干半年。然而刚刚建成，就被一把火烧掉了。第二年正月再大兴土木，于原址重建，据当时人记载，“周围十余里，墙高数丈，内外两重，外曰太阳城，内曰金龙城，殿曰金龙殿，苑曰后林苑，雕琢精巧，金碧辉煌”，依旧是封建帝王宫殿的规制。

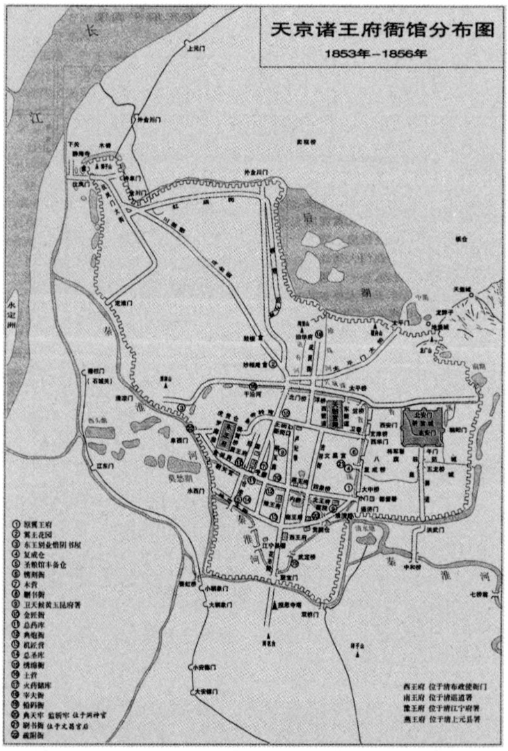

《南京建置志》中的天京诸王府衙馆分布图

同时，太平军将城内居民家庭拆散，分居男馆、女馆，工匠按行业集中，民间金银财物全部纳入“圣库”，并宣称城内一切房屋“皆属天朝所有”。官府衙署及豪门大宅均被占用改建为王府，中下级将领则占用民宅或商肆。如东王杨秀清先占大功坊布政使司署、驻防城江宁将军署，后占冶山西麓黄泥巷（今朝天宫西街黄鹂巷）前山东盐运使何其兴宅第扩建，将由此向北至五台山南麓（今汉中路）一片圈入，周围六七里，并拆取明城墙砖砌筑围墙。东王属官数千人也在附近建府居住。咸丰六年（1856年）天京事变，天国领袖自相残杀，东王府被北王韦昌辉纵火焚毁，仅残留少量属官衙署。举世闻名的大报恩寺琉璃塔也被炸毁。又如西王府据大功坊布政使司署扩建；南王府据针工坊按察司署扩建；北王府先在西辕门李氏宅，后据中正街前湖北巡抚李长华宅扩建；翼王府先在青溪里熊氏宅，后移大中桥靖逆侯张勇府第，又据朝天宫东侧王府巷原上江考棚建造；燕王府据中正街昇平桥董姓、胡姓两宅扩建，后又圈入前湖北宜昌知府程氏宅；豫王府据江宁府署扩建。

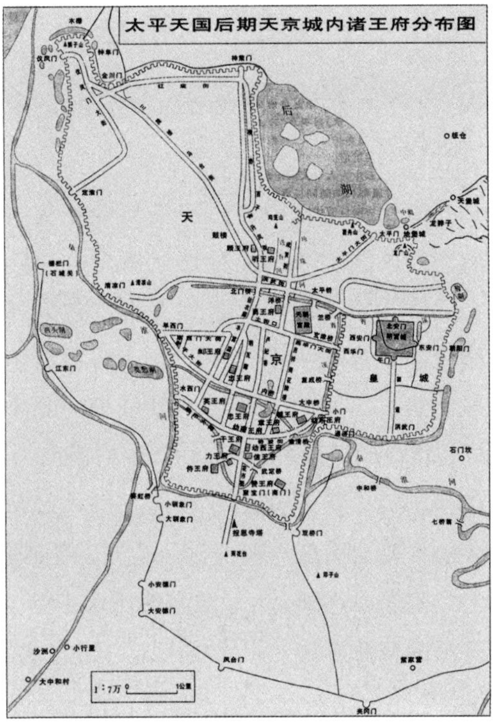

《南京规划志》中的太平天国后期天京城内诸王府分布图

天国后期，洪秀全大肆封王，竟至2700多王，以至天京城内，触目皆是王府。为建王府滥拆城内各种建筑，历代文物古迹破坏极其严重。及至天国溃败、清军入城之际，战火延烧数日，全城几成一片瓦砾。同治四年（1865年）来南京代理两江总督的李鸿章慨叹，“一座空城，四周荒田”，“无屋、无人、无钱，管、葛居此亦当束手”，管仲、诸葛亮这样的能臣，面临此局面也会束手无策。

城南“十八坊”与街巷

南唐金陵城中，以秦淮河中支为自然分隔，其北主要是行政区，其南为居民区。“城南”的区域概念由此形成，延续千年，便成了“老城南”。

金陵城首次将“十里秦淮”包入城区之内，串联东、南、西门，在城市南部形成一个“V”形。河道与矩形城墙之间，便构成了两个三角形地块。民间约定俗成，以位于南北中轴线端点的南门（中华门）为地标，将南门以西的三角地称为“门西”，南门以东的三角地称为“门东”。门西与门东虽然至此才算正式进入城市范围之内，但其实是历史最为悠久的繁盛居民区与商业区，也是最为典型的“老城南”。

南唐以迄宋、元，城南的坊市街巷，呈现正常生长的态势，逐渐繁密，并渐向城北渗透。元代将南宋行宫交民间垦殖，更是一次大跨度的推进。

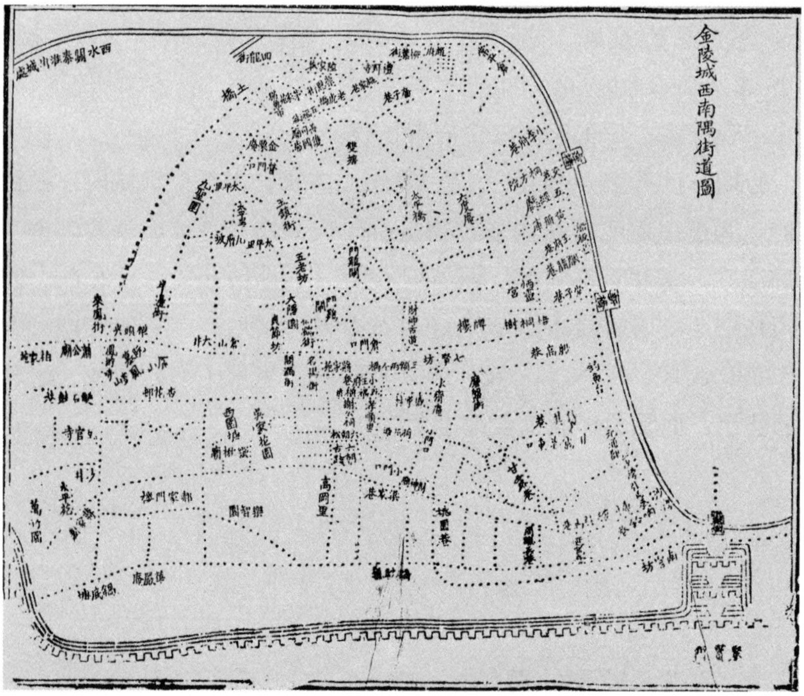

《凤麓小志》中的金陵城西南隅街道图

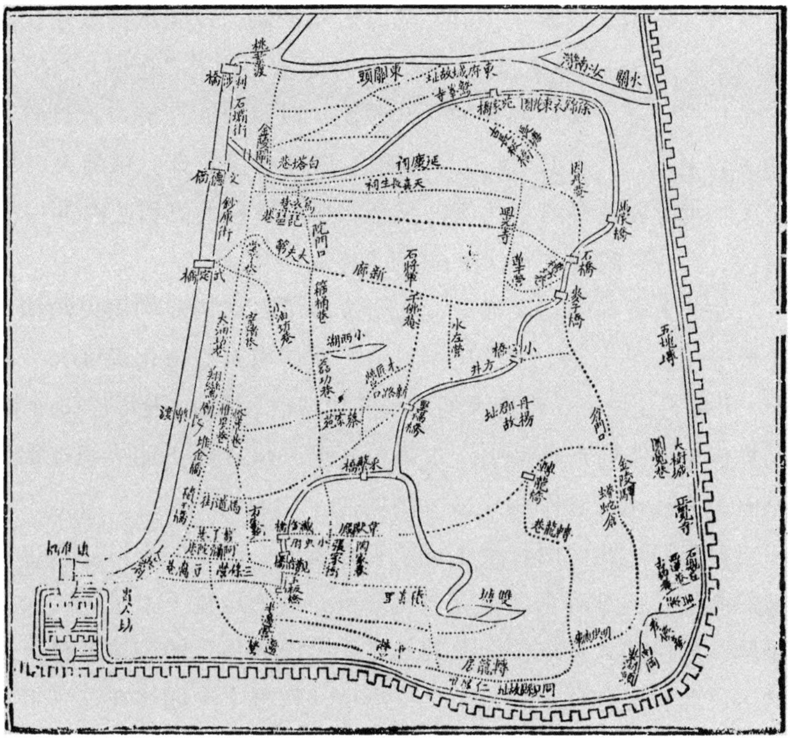

《东城志略》中的东城山水街道图

明代大移民的影响

明初建都，在金陵城东面另辟地建皇宫，使老城的街区坊市格局大体得以保存，但是，老城内的居民成分却发生了重大的变化。

明王朝曾在南京实施大规模的移民活动。一方面，是“驱旧民置云南”，具体人数未见记载。迁往云南这样遥远的边疆地区，明显含有发配的意义，估计被迁出的是与元政权有较密切联系而被新朝认为不可依靠的人。他们既是旧政权下的既得利益者，富裕程度应该较高，大量迁出会使城市的经济水平下降，所以需要“徙富民实京师”，明初从全国各地强制迁来的富户达 14000 余户。另一方面，又征召苏、浙等地的“上户”45000 余户，也就是较富裕的居民，以“填实京师”。洪武十三年（1380 年）开始实施的编户管理制度，将全城居民按职业类别分为民、军、匠三等户籍，承担不同的差役，且必须按类居住。从苏浙等地招来的上户都被充作手工业匠户，壮丁由监局统一调配，其他成员则作为在编人员，统一管理，不用交纳田赋，但要随时服从征调，以满足都城建设和皇室生活的需要。此外，在南京担任城内各项运输工作的“仓脚夫”有2万多户，多是从江、浙、皖征调来的贫苦农民。以每户四至五口人计算，迁入者约三四十万人，而据洪武二十四年（1391年）统计，京师人口共473000余人，可见原住民所占比例已很小。加上皇室人口和城内常驻军队约20万人，洪武年间南京人口在68万人左右。

如此大规模的移民活动，完全改变了自然形成的居民结构。新的居民成分中，手工业工匠的比例过大，在使南京城市化程度大为提高的同时，也使它变成了一个庞大的手工业作坊群。然而，强行迁移而来的人口，同样也可以强行迁移而去。永乐十九年（1421年）明成祖迁都北京，在皇室整体迁出、驻军相应减少的同时，“取民、匠户二万七千以行，减户口过半”。此后两百余年持续和平发展，南京的人口总数也未达到明初的高峰。但这对于南京应该是好事，因为避免了大量工匠失业困居的难题。居民的大量减少，尤其是一些工匠居住区的整体迁移，也使城南的居民区相对空疏。所以明代中后期，权贵士夫能够在这一带建起数十处私家园林。

这一次大规模移民，对于南京城市文化的影响尤其深刻。因为以往建都时期的进入人口，主要是社会上层的统治阶级，原住民并未减少。而明初则是大规模的人口置换，原住民被大量迁出，进入南京的新移民不仅有皇室统治集团，而且有为数巨大的普通市民，又来自全国各地。南京居民五方杂处的特点，在此时即已定型。而南京也最终脱离吴语区，归入江淮官话区。

“老城南”与“十八坊”

为适应明初匠户集中管理的需要，南京原有的居住区也发生了相应的变化。从史籍记载中可以看出，这些匠户坊全部集中在老城南区域，门西多于门东。当地的原住民应多已被迁走，街坊和房屋也经过“改作”，以便统一安排匠户居住，旧时的街坊多也改以行业命名。不少流传至今的匠作坊名，如脍炙人口的城南“十八坊”，就产生于明初。

回顾六朝以来的坊名，除了部分以方位标志命名的，如禁中里、长干里、蒋陵里、青溪里、斗场里外，大多是以吉语雅词命名，如永昌、凤凰、中兴、建兴、建康、崇孝、化义、归仁、太清等。唐、宋以降，不少坊名仍被沿用，也有些已经成为街市。到了明初建都，风气一变，多改以匠作行业命名。从《洪武京城图志》中可以看到，如桐树湾街改名织锦一坊，国子监街改名织锦二坊，关王庙巷改名织锦三坊，建业坊改名杂役三坊，金陵坊改名银作坊，璇子巷改名弓匠坊，评事街改名皮作坊等。

分析明代的坊，大致可分为两类：一类即是街巷，另一类则是隶属于工部的匠户管理机构。正德《江宁县志》卷五《坊乡》，叙述京城内外35处坊厢时，首先说到人匠坊："人匠一坊，在县东北（箭匠坊街西）。人匠二坊在县东北（箭匠坊街东）。人匠三坊在县西北（铁作坊内，即古鹭洲坊）。人匠四坊在县西北（皮作坊巷）。人匠五坊在县治前东南（即今银作坊右）。人匠，洪武原额十八坊，因人户消耗，并为五坊。"这应该就是城南"十八坊"的出处了。

所谓人匠，就是匠户。明代民户、军户、匠户三等户籍中，匠户的地位最低，而且世代相袭，不得改变，不许参加科举考试，除非得到皇

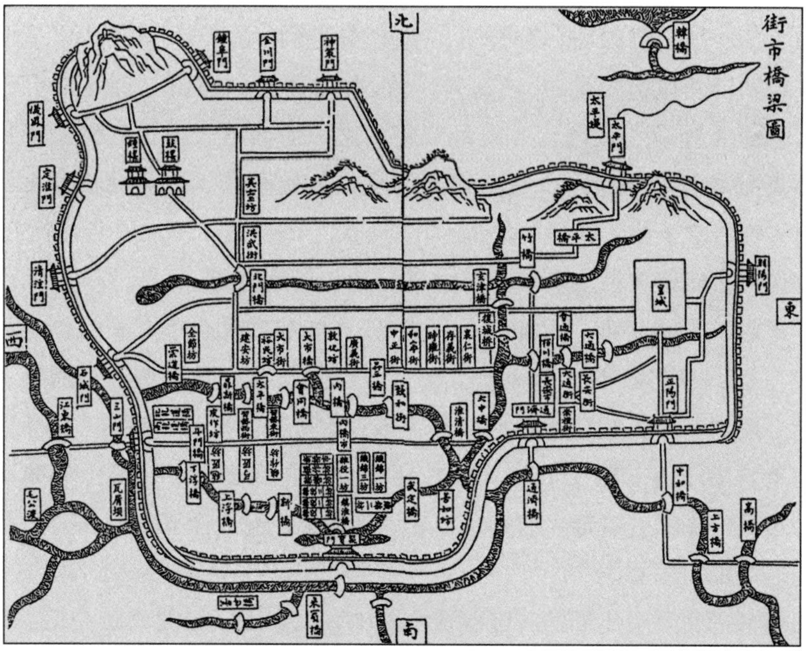

《洪武京城图志》中的街市桥梁图

帝的特许才可脱离匠籍。其服役期间可以领取钱粮报酬，非服役期间可以自行劳作。军籍中也有部分工匠，称为军匠。匠户又分住坐和轮班两种。轮班的工匠，三年服役三个月，其他时间可以在家乡居住。而住坐工匠，每月须服役十天，便难以离开京城，只能集中居住在南京的人匠坊中，隶属于工部将作司。

洪武年间的人匠坊有“十八坊”，管理从全国各地征召来的住坐工匠。永乐十九年（1421 年）迁都北京，“取民、匠户二万七千以行”，此后且不断从南京抽调工匠至北京，再加上“人户消耗”，所以到正德年间，人匠坊已裁并为五坊。

官隶人匠本是按行业分类集中居住的，相对人匠几坊这样模糊的名称，箭匠坊、铁作坊、皮作坊、银作坊等行业类别要明确得多，所以民间常以其行业称其住地。永乐迁都后，南京的官属工匠业大幅下降，此消彼长，民间工匠业渐趋繁盛，又形成了一批新的匠作坊名。到了正德年间，官方也已接受这种匠作坊名了。清代顺治二年（1645 年）宣布废除匠籍，统归民籍，残余的人匠坊也不复存在。所以流传到现在的，都是以行业衍化为地名的街巷了。除了上面提到的四个，还有织锦坊、杂役坊、铜作坊、弓匠坊、鞍辔坊、毡匠坊、颜料坊等。

明初与匠作坊相类的，还有匠作营，如木匠营、棉鞋营（原名棉甲营）、肚带营、香铺营、铁匠营、扇骨营等。这一命名形式也为后世所沿用。一些新兴的行业集中地，也就以营为名，如厨子营（一名储积营）、轿夫营（曾名堂子巷，现名教敷营）、莲子营、闺奁营（一说原名鬼脸营）、酱棚营、破布营（一名破皮营）、破瓦营、芦席营等。

正德、嘉靖年间，又出现了一批明显与工艺或商市有关的街巷，如习艺东街、习艺西街、草鞋街、磨盘街，木龙巷、竹竿巷、鸡鹅巷、干鱼巷、糯米巷、板巷、胭脂巷、头盔巷、针巷、手帕巷、锅巷、鲜鱼巷、油房巷、剪子巷、璇子巷等。此外还有“市之廊十二”，即十二个有廊棚的市场：花铺、鼓铺、扇铺、床铺、麻铺、表背、手帕、包头、香蜡、生药、纸铺、故衣。

成书于明万历年间的《客座赘语》中，说到工匠行业的新变化：“如铜铁器则在铁作坊，皮市则在笪桥南，鼓铺则在三山街口、旧内西门之南，履鞋则在轿夫营，帘箔则在武定桥之东，伞则在应天府街之西，弓箭则在弓箭坊，木器南则钞库街、北则木匠营。盖国初建立街巷，百工货物买卖各有区肆，今沿旧名而居者，仅此数处。其他名在而实亡，如织锦坊、颜料坊、毡匠坊等皆空名，无复有居肆与贸易者矣。”

大多匠作坊巷有名无实，不但是商业、手工业的变化，也说明南京城内的居民形态，逐渐摆脱了明初移民造成的单一化，而恢复为城市的正常生活形态。与此同时，民间手工作坊与经营店面合一的运作形式也渐成型。前店后坊、前店后家等住宅、作坊、商铺混合，看起来功能区分不甚明显，但对于市民的日常生活则更为方便，这也是其得以产生且长期持续的根本原因。此类街坊往往兼有人际交往和社会娱乐等综合性功能，也是老城南传统街区的一个特点。

明代中期的街巷系统

如果说匠作坊主要承担手工业与商业功能，那么在明代中期，主要承担交通功能的街巷也已渐成系统，而且主要处于老城南范围之内。

嘉靖《南畿志》卷四《城社》中，明确列出大街、小街、巷 3 类，相互关连通达。其中大街 8 条：

长安街，自大中桥东北直抵皇城西安门，是皇城与原金陵城之间的南北交通干道。

大通街，自大中桥北至竺桥，东南接通济门，与长安街相交叉。这一条应是原金陵城东垣北段被拆除后形成的南北交通干道，相当于今棉鞋营、二条巷一线。因原金陵城东门拆除，须由通济门出入，所以东南延伸到通济门。

崇礼街，东起皇城正南门洪武门，西至大中桥，相当于今大光路一线。这是皇城与原金陵城之间的东西交通干道，主要是方便五部六府官员的出行。

大中街，自大中桥西南抵三山街，相当今建康路一线。

三山街，在大中街西南，即由今三山街口向西南延伸。按三山街市在今升州路斗门桥附近，因西通三山门（今水西门）而得名。斗门桥正当六朝运渎与秦淮河交汇之处，可见其商市繁华始于六朝。三山街东北

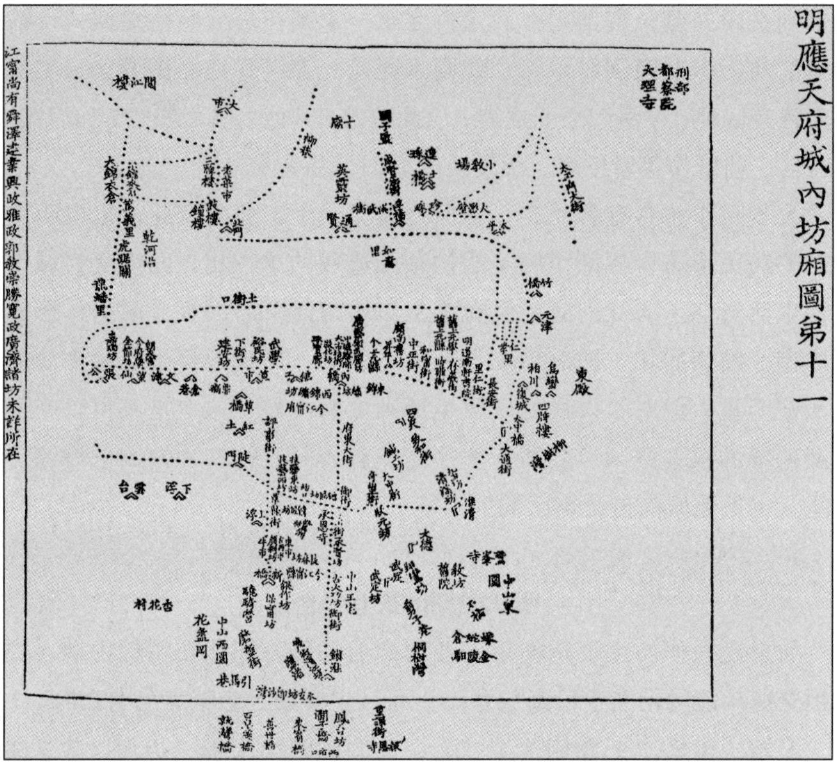

《同治上江两县志》中的明应天府城内坊厢图

接大中街，大中街东北接长安街，直抵皇城西安门，这三条大街连成一线，成为贯穿南京城的重要干道，在三山门集散的各种货物可以由此迅速运达皇城。三山街商业贸易中心的地位也更为巩固。

大市街，因明代大市所在而得名，自大市桥北至张府园一线。大市桥即原南唐西虹桥，后名羊市桥，位于建邺路鸽子桥北。大市街当是由南唐宫城西垣外道路发展而成。

洪武街，在北门桥东北，民国年间拓并入珠江路。洪武街南口有北门桥市，自南唐以来即是一个重要集市，多卖鸡鹅鱼菜等物。

古御街，自内桥南直抵聚宝门，即六朝和南唐的御道。

值得注意的是，从《景定建康志》到《至正金陵新志》，列举街名时都以古御街为首，这时古御街却落到了最后。可见明代建都后城市格局改变，新的城市中轴线取代了六朝和南唐的中轴线，古御街在城内交通中的重要性已大大下降。这8条大街中，有4条与大中桥相关。位于皇城东南角、原金陵城东门外的大中桥，成为新的交通枢纽，是联系皇城与居民商市区的必经之地。

《南畿志》中列出小街20条："存义、里仁、时雍、太平、和宁、中正、致和、成贤、北新、习艺东、习艺西、十三丈街、务公、广艺、草鞋、评事、奇望、马道、周处、磨盘。"其中13条已见于《洪武京城图志》，新出的是北新、十三丈街、草鞋、奇望、马道、周处、磨盘7条。而据正德《江宁县志》所记，另有保宁街、竹街、沙河街3条。有些小街是由宋、元里坊转变而成，如保宁街原为保宁坊，竹街原为滨江坊，沙河街原为永安坊等。

这二十几条小街，多数街名沿用到现代，如里仁街、时雍街、太平街、和宁街、中正街、致和街、成贤街、习艺东街、习艺西街、务公街、广艺街、评事街、马道街、磨盘街等，而保宁街后并入磨盘街，草鞋街后改称彩霞街，竹街在清代称篾街，清末改糖坊廊，沙河街后并入钓鱼台，奇望街后并入建康路，周处街当在周处台下，也是明确的。只有北新街、十三丈街位置不详。

《南畿志》中记巷31条："卢妃、仓巷、木龙、竹竿、黄泥、银枪、泰山、军师、长乐、德庆、官店、长春、遇仙、鸡鹅、饮马、童子、干鱼、糯米、泥马、板巷、胭脂、斛斗、头盔、井巷、针巷、手帕、锅巷、鲜鱼、油房、剪子、璇子。"据正德《江宁县志》记载尚有金沙泉巷、丫头巷、层楼巷、百花巷、望火楼巷。此外，六朝古巷另有乌衣巷、侍其巷、参佐巷、察战巷。

这些巷名多半沿用到现代，如卢妃巷、仓巷、竹竿巷、黄泥巷、军师巷、长乐巷、饮马巷、糯米巷、泥马巷、胭脂巷、针巷、剪子巷、璇子巷、百花巷等。另干鱼巷后改称甘雨巷，板巷后称大板巷，头盔巷后称盔头巷，油房巷后称油坊巷，泰山巷后称泰仓巷，金沙泉巷改金沙井，层楼巷后称层楼街等。不过，这里所说的鸡鹅巷，不是今北门桥南的鸡鹅巷，而在彩霞街与评事街之间。即便今已不存的巷名，也可能只是巷名改变，小巷未必消失。

由上列这些地名，我们大略可以知道，哪些街巷在明代已经存在。

清代南京城市格局与街巷系统

入清以后，南京不再具有陪都的地位。因为皇宫区与居民区分隔明显，相对独立的市民生活区仍处于自然增殖状态，城市经济、文化保持着稳定、平衡、和谐的发展。居民区与商业区也随之拓展。在城南街巷日趋繁密的同时，原金陵城北部渐形成街巷网络。市民生活区域在南京城内的比重不断增加，渐渐成为城市的主体。

清代中期，嘉庆《江宁府志》中的记载，尽管篇幅不大，却清晰地勾勒出了城市街道向北推进、串联贯通的轮廓。

当时城内分为上元、江宁两县，两县的分界就是秦淮河中支，大致相当于今白下路、建邺路一线，北为上元县，南为江宁县。上元、江宁

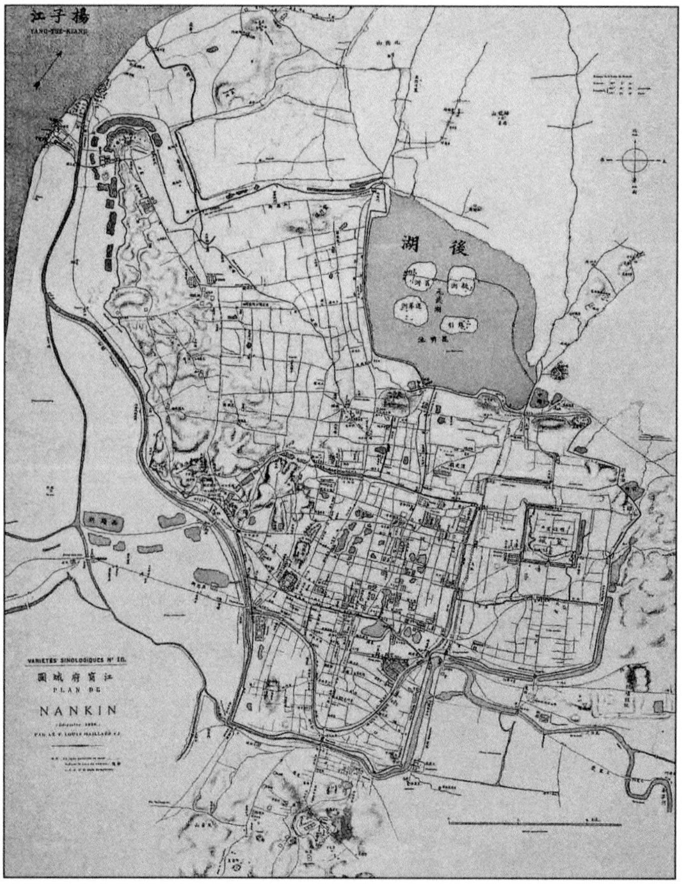

江宁府城图

两县同城而治，肇始于南唐，始终以秦淮河中支分界，这条东西中轴线延续千年未变。秦淮河中支北岸的道路，自冶山南麓向东，依次是六朝西州城南门（对今鼎新桥）外道路，唐江宁县衙前道路，南唐宫城南门（对今内桥）外道路，上元县衙前道路，继续东延，便是明皇城南门（洪武门）外的崇礼街了，由此可见秦淮河中支对城市格局形成的重要影响。

嘉庆年间，东西向的大街，自北向南，计有：

洪武街，自浮桥西抵莲花桥。莲花桥在北门桥东，相距很近。这与明人所说“北门桥东北”方位吻合，而起始明确。

西华门大街，“在督院前，东入驻防城，西过行宫为土街，又西至双石鼓，至罗汉寺转弯南折，又西达旱西门”。督院即两江总督署，现总统府。驻防城相当于明皇城。西华门是明宫城西门，在西安门东，故在驻防城内。行宫即今大行宫，今洪武路口旧名土街口。西华门大街东段相当于今中山东路稍偏南，其中大行宫至洪武路口一段旧称土街。双石鼓在新街口西，今汉中路东段北侧，西接罗汉寺转弯，即今螺丝转弯。由螺丝转弯南行，转入石鼓路，石鼓路西口即正对旱西门（今汉西门）。西华门大街是清代新出现的一条东西向干道。民国年间修中山东路，就是在西华门大街的基础上向东延伸，切开了明皇宫，直达朝阳门（今中山门）。

中正街，东至大中桥，西讫旱西门，即上元、江宁两县分界线之一段，故以中正为名。其东段相当于今白下路，自内桥西经建邺路、朝天宫西街、堂子街，即到旱西门大街。

水西门大街，西过油市达水西门，东出为奇望街。因三山门此时已改称水西门，原来的三山街也就改称水西门大街，只剩下了与中华路相交的一个十字路口仍称三山街。而斗门桥以西至今仓巷口一段时称油市大街，再往西就是水西门了。民国年间，水西门大街与油市大街都被拓并入升州路，奇望街则被拓并入建康路。

贡院前街，江南贡院南面街道，即今贡院街，东北至桃叶渡，也就是“十里秦淮”入城之始，西南交南城大街，亦称南门大街，即今中华路南端。由此转向西北，经篾街（今糖坊廊）、长乐街、牛市、玉带巷等，直至下浮桥北。这一条说的是沿“十里秦淮”北岸的街道。今贡院街西南接东牌楼、信府河达中华门。

钞库街，东自东水关，沿秦淮河南岸交南城大街，转西北直到下浮桥南。这一条说的是“十里秦淮”南岸街道。今钞库街东接大石坝街，西接大油坊巷。

南北向的大街有：

内桥大街，南行为府东大街，又南交三山街迄南门。这一条即南唐御街，当时划为三段，北段称内桥大街；中段称府东大街，府指江宁府署，时在西锦绣坊；过三山街称南城大街。所以，三山街口既是重要的交通道口，也是繁华的商市中心。民国年间自内桥至中华门拓并为中华路。

评事街，自笪桥出，过果子行口，又西南折过彩霞街，抵秦淮河岸而止。评事街在明初被列为小街，此时已成干道之一，其北起秦淮河中支笪桥，南过果子行口抵秦淮河岸，则今升州路南的大彩霞街，原亦属评事街。当时所说的彩霞街，应为今小彩霞街。

卢妃巷街，即今洪武路，南抵内桥，北与西华门大街交于土街口。内桥以南即南唐御道。这应该是元代开发南宋行宫后形成的南北干道。

北门桥街，南抵新街口，北至唱经楼。北门桥街包括北门桥南、北两段。桥北至唱经楼一段，后改称鱼市街。桥南经估衣廊、糖坊桥，即达新街口。

这里顺便说一说新街口这个地名的来历。最容易发生的误解，是新街口产生于民国年间中山大道修建。准确地说，修中山大道时产生的是新街口广场。新街口这个十字街口，这个地名，在清代乾隆年间已见于文献记载。“新”街口是与“旧”街口相对而得名，这个旧街口，就是前面说到的土街口。卢妃巷是南唐宫城北部的道路，明初开进香河，自卢妃巷北经上乘庵、香铺营即达进香河，成为一条南北向通道。而自西安门西来的土街与卢妃巷形成一个十字街口，故称土街口，所以土街口这个地名应不晚于明代。清代新出现的西华门大街，是对旧有道路的整合与延伸，由土街继续向西，与三道高井相交处形成的新十字街口，便被叫成新街口了。

高井大街，南达下街口（即笪桥市），北抵北门桥，即今丰富路、糖坊桥、估衣廊一线，旧时又分为头道高井、二道高井、三道高井。这是南京城里的一条南北干道，南自秦淮河岸，经评事街、高井大街，过北门桥到唱经楼，折向西北，由唱经楼西街沿黄泥冈直达鼓楼，穿过鼓楼下拱券门北行，有石路可达仪凤门。明初建造鼓楼时之所以没有取正南北方向，就是为了与这条南北干道十字相交。这条南北干道有一个弯折，是因为明代以前必须经金陵城北门出入。民国年间修中山大道时，无须再经过北门桥，从鼓楼到新街口取直线，即今中山路。

清末民初的鼓楼

花牌楼街，自大行宫南至旧王府。旧王府在今太平南路与建康路相交口西北角。明初为常遇春府第所建花牌楼，位于常府街西口，花牌楼街由此得名。民国年间拓并入太平南路，当时人仍习称杨公井一带为花牌楼。

由上述这些街巷能够看出清代中期的南京城市格局，以及相较于明代的变化。而这一街巷体系，直延续到民国首都建设，才有了新的改变。

从石头城到清凉山

清凉山及其余脉直到鼓楼，是南京又一个重要的历史文化区。鼓楼建于明代，鼓楼冈南麓接小仓山、五台山，迤逦西去即清凉山，也就是金陵邑、石头城所在的石头山，其历史几乎与南京建城史一样悠久。六朝时期，石头城是规模仅次于宫城区的军事重镇，石头津是最重要的沿江港口，许多重大史事都与石头山相关。

隋唐时期，南京失去了都城地位。但六朝古都的盛名，江南风物的秀美，引得众多文人学士前来观览咏怀，留下大量诗文，保存了丰富的城市记忆。南京在空间维度之外，得以形成相对完整的时间维度，历史文化名城的内涵大为增加。

石头城的文化转型

在大一统的国度内部，不再需要石头城这样的军事基地。然而，紧邻长江岸的石头山仍是水上交通要隘，往来必经之地，依然引人关注，遂成为骚人墨客“指点六朝形圣地”的佳处。李白、卢纶、韩翃、罗隐等俱有诗作流传，尤以刘禹锡的《西塞山怀古》脍炙人口：“王濬楼船下益州，金陵王气黯然收。千寻铁锁沉江底，一片降幡出石头。人世几回伤往事，山形依旧枕寒流。而今四海为家日，故垒萧萧芦荻秋。”素朴的文字中，深寓无穷的况味。前四句说东吴史事，而“人世几回伤往事”，一句带过东晋南朝，尤其是灭吴之晋，灭陈之隋，一统天下，弹指间亦归溃灭，“山形依旧”，终不免“故垒萧萧”。对于唐王朝不无警示意义。

古今兴亡的苍茫史事，既附丽着诗意的辉光，成为一种特殊的空间具象，也成为对后人的强烈召唤。作为金陵怀古不可或缺的命题之一，石头城的意义，渐渐从“兵家必争之地”，转化为类似于“不到长城非好汉”的文化象征。

五代十国，金陵成为南唐国都。南唐石头城较六朝石头城南移，位于都城内西北角，其东即石城清凉大道场，兼为避暑行宫。南唐前后三代帝王对于佛教都有足够的虔诚，住持高僧文益禅师开宗立派，门徒众多，人称“清凉文益”，去世后被李璟谥为大法眼禅师，他创立的宗派称法眼宗，成为佛教禅宗五家之一。所以后世说到南唐石头城，很少注意其军事地位，津津乐道的是李王佞佛和法眼开宗。这些都为石头山增加了新的文化资源。

宋太宗太平兴国五年（980 年），将原在幕府山的清凉广惠禅寺迁移到石头山麓，以取代南唐石城清凉大道场。此举既不致影响法眼宗的兴盛，又足以消减遮蔽前朝的痕迹，故而深得朝廷重视。寺中曾藏有北宋几代帝王所赐的御书，香火旺盛，游人不绝。清凉寺长老与王安石、苏轼、杨杰等名士时相过从。山随寺名，石头山也就被叫成了清凉山。

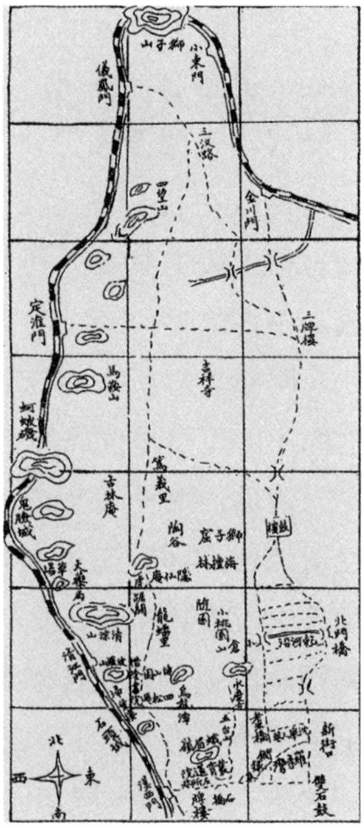

《石城山志》中的石城诸山图

宋元以降，随着长江江岸变化，石头山离江渐远，外秦淮河的入江口渐次北推到龙江关（今下关）附近。南宋诗人曾极有诗句：“三百年间陵谷变，寒潮不到石头城。”南唐迄今三百年，江潮不再能抵达石头城下。被隔在金陵城外的石头津，港口地位也已远不及水西门和汉西门。

南宋诗人陆游是坚定的主战派，对于石头山仍情有独钟。据《入蜀记》卷二记述，他自六合瓜步渡江，在下关江中就瞻望石头山：“过龙湾，浪涌如山，望石头山不甚高，而峭立江中，缭绕如垣墙。凡舟皆由此下至建康，故江左有变，必先固守石头，真控扼要地也。”后游清凉寺登山：“登石头，西望宣化渡及历阳诸山，真形胜之地。若异时定都建康，则石头当仍为关要。”有人认为秦淮河已被包入金陵城内，“石头虽守无益”，陆游不同意，认为“大江天险，都城临之，金汤之势，比六朝为胜”，依凭长江天险，要胜过以秦淮河为屏障。然而，南京沿江的重要战事，如南宋岳飞与金兀术的激战，元末朱元璋与陈友谅的决战，都发生在今下关地区。

当时的主战派都希望能够定都建康，北伐中原，然而南宋朝廷畏惧金兵，决意定都杭州。留给南京的，也就只有陆游、杨万里、范成大、叶梦得等爱国诗人赞颂“金陵形胜”的作品了。时隔数十年，又轮到元朝的诗人在石头城上“空怅望，山川形胜，已非畴昔”。萨都剌对石头城也是关爱有加，一再登临，屡作题咏，他的《念奴娇·登石头城》更成为千古绝唱。

明初兴建新都，清凉山及其余脉全都被包入城内，南唐石头城被拆毁。清凉山的军事地位成为历史，文化意义也就更为凸显。

清凉山文化转型的标志性事件，是明代嘉靖年间，督学御史耿定向在清凉山东冈建崇正书院，以崇尚儒学正统为宗旨，从江南十四郡选拔优秀士人培养深造。崇正书院遂成精英文化中心，耿定向自任导师讲学，其得意门生焦竑担任学长。焦竑于万历十七年（1589 年）得中状元，崇正书院声名传扬天下，清凉山成为南京的文化圣地，尤其是东麓龙蟠里、乌龙潭一带，水木清华，自晚明到清初，文人学士在这片水木清华之境中，建起了六十余处园墅书斋，切磋学问，诗文雅集。

清康熙五年（1666 年），明遗民龚贤定居清凉山，与樊圻、高岑、

清版画：翠微环眺

邹喆、吴宏、叶欣、胡慥、谢荪等画家常相交往，艺术上也有较多共同点，被后人誉为“金陵八家”。同时代的文人学士，或敬慕龚贤的气节，或欣赏龚贤的书画，过从甚密。方文、施闰章、韩畕、杜于皇、吴嘉纪、孙枝蔚、周亮工、纪映钟、卓尔堪等，都有咏龚贤半亩园诗。为撰著《桃花扇》而来南京访古寻踪的孔尚任，也与龚贤成为忘年交。稍后，回族学者刘智在清凉山尽毕生精力翻译伊斯兰教经典，晚年退居扫叶楼。桐城派散文大家方苞读书的来兹庵，就在乌龙潭畔，晚年又在龙蟠里修建了家祠教忠祠。

乾隆年间，诗人袁枚在清凉山余脉小仓山建造随园。半个世纪中，过往江南的文人雅士，都会赴随园拜访袁枚，歌咏唱和。袁枚去世后就安葬在今五台山百步坡。更值得一提的，是随园与《红楼梦》中大观园的关系。康熙年间，历任江宁织造的曹家建成闻名遐迩的“织造府花园”，“水竹花木颇胜，亭馆绰约，布置亦佳”。雍正时曹家得罪被抄，房产园苑落到继任江宁织造的隋赫德手中，曹织造园也就成了隋织造园。四年后，隋赫德又得罪去职，织造园无人承继，渐渐荒圮。时隔三十年，袁枚买下荒园故址，改“隋”为“随”。所以袁枚在《随园诗话》中说明：“雪芹撰《红楼梦》一部，备记风月繁华之盛，中有所谓大观园者，即余之随园也。”他的朋友、裕亲王世子裕瑞也说：“闻袁简斋家随园，前属隋家者，隋家之前即曹家故址也，约在康熙年间。书（指《红楼梦》）中所称大观园者，盖假托此园耳。”据近年披露的清宫秘档，曹雪芹在十七八岁才离开南京，则此处应即他少年嬉游之地。曹家到北京后贫困

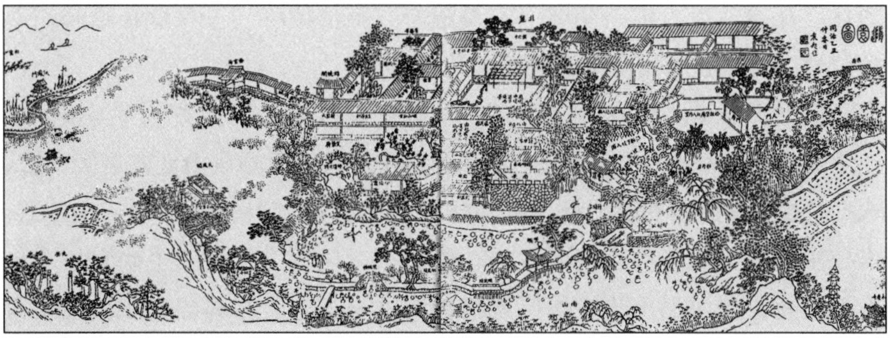

清人画：随园图

潦倒，《红楼梦》中所描绘的大观园生活，主要原型当出于南京随园。

同时的小说家吴敬梓与清凉山因缘至深，《儒林外史》中有不少关于清凉山秀丽风光的描写。吴敬梓的好友、《儒林外史》中牛布衣的原型朱草衣就住在龙蟠里，两人死后都葬在清凉山麓。吴敬梓的外孙金和是龙蟠里惜阴书院的高才生，而与金和一起集资刊印《儒林外史》并为其作笺注的，正是长期主持惜阴书院的学者薛时雨，他的弟子们且为他在龙蟠里建有薛庐。

清凉寺在明清两代屡经修建，六朝遗韵，清嘉风物，成为一时名胜，为人题咏不绝。清高宗南巡时也曾到过清凉寺，且有诗作留存。太平天国占据南京期间，山上林木被砍伐一空，清凉寺被毁，光绪年间才稍有恢复，但范围大大缩小，已无旧时气象。清凉山西冈扫叶楼后有善庆寺，据说始兴于唐朝，也于光绪年间重建。崇正书院旧址后易名云巢庵，乾隆年间不慎失火烧毁，僧人展西募资修复，仍称崇正书院，实作为佛事活动场所，亦遭太平天国之难，同治四年（1865年）僧人可曾募资重建成小九华寺。晚清，清凉山复成南京佛教圣地，香火十分旺盛。

近代清凉山得风气之先

清代道光年间，中国近代史上最重要的思想家之一魏源定居龙蟠里小卷阿，完成了《圣武记》《海国图志》等名著的写作。魏源率先睁开眼睛看世界，探寻强国富民之路，不仅成为南京江海文化传统的优秀继承者，而且在中国近代改革开放史上的地位也无可替代。在魏源影响下，清凉山、龙蟠里一带聚集了一大批精英知识分子，他们放眼世界、弃旧图新、开启民智、推动变革、不畏艰辛、不怕牺牲。正是这种卓越奋斗的精神，构建起近代南京的精英文化传统。

道光十八年（1838年），两江总督陶澍以育才为急务，为提供一个让读书人“用经史古文相磨砺”的场所，在龙蟠里西侧盋山创建惜阴书舍，选择钟山、尊经两书院的高才生到此深造，延请名师讲授经、史、文三课，指导学生致力于经世致用的学问，使南京学风为之一变，也确实培养出一批人才。陶澍捐出俸禄银一万两作为本金，寄放在典当铺中，以所得利息支付书舍所需经费、讲师报酬及对优秀学生的奖赏。

乌龙潭畔的薛庐

太平天国期间，惜阴书舍也遭破坏。同治四年(1865年)，曾国藩主持增建为规模更大的惜阴书院。先后在惜阴书院讲学的名师，有俞正燮、马沅、胡培翚、冯桂芬、薛时雨、卢崟等，在思想文化上多能与时俱进。曾师事林则徐的冯桂芬著《校邠庐抗议》40篇，对近代洋务派、改良派都有影响。曾主讲杭州崇文书院和南京尊经书院的薛时雨，担任惜阴书院山长十六七年，被誉为金陵书院的精神典范。同治十年（1871年），惜阴书院设劝学官书局，是南京最早的学生图书馆。晚清废科举后，惜阴书院改设上元高等小学，也是南京最早的改良学校之一。

太平天国败亡后，各国传教士陆续返回南京，建教堂，办学校，开医院，也成为清凉山一带的现代文化因素。同治九年（1870年），法国传教士在五台山南麓石鼓路建成圣母无染原罪始胎堂，是南京现存最早的教堂。光绪八年（1882年），北美长老会美国传教士李满在冶山北麓（今莫愁路）租地建成小基督教堂。同年，美国基督教美以美会传教士哈佛格在冶山西麓黄泥巷（今朝天宫西街黄鹂巷）购地兴建金陵医院，又名斯密斯纪念医院，次年开业。这是西方传教士在南京所建的第一所现代医院，虽然医士护士仅十余人，但坚持不懈，到清末累计就诊人数达50余万人。光绪十年（1884年），基督教北美长老会在五台山南麓四根杆子（今莫愁路）创办明德书院，是南京第一所女子学校。这一带原本居民稠密，因太平天国东王府被烧后成为一片废墟，故有空间容纳新建筑，成为西方传教士早期活动较为集中的地方。

光绪十四年（1888年），美国基督教美以美会传教士傅罗在干河沿南岸创设汇文书院，即今金陵中学前身，光绪十七年（1891年）又在鼓

金陵大学堂大门

楼西南创办基督书院。后户部街益智书院并入基督书院，改称宏育书院，宣统二年（1910年）与汇文书院合并为金陵大学堂，校址在汇文书院（今金陵中学）校园内。1915年，金陵大学堂改名金陵大学校，次年迁入鼓楼西南新校址（今南京大学）。新校舍没有再像汇文书院那样采取纯西方建筑样式，而是中西合璧，美轮美奂，十分宏伟，基地面积达130余公顷，与鼓楼巍然并峙，为当时南京最大建筑群。光绪十八年（1892年），美国基督教会创办基督医院于鼓楼，次年建成，开始收治病人。因院长是加拿大人马林，所以俗称马林医院。同年创办贵格医院于汉西门内螺丝转弯。

甲午战争，中国战败，改良派思想家认识到"风气未开，人才未备，一切新政自无以实行"，于是主张变法要从"振兴教育、培养人才、启迪民智"入手，在设学会、办学校、开报馆的同时，也学习西方资本主义国家的办法，开办面向社会的公共图书馆。在两江总督端方的支持下，由著名版本目录学家、藏书家缪荃孙主持，在惜阴书院旧址上筹建江南图书馆，以7万余元购下号称晚清四大藏书家之一的钱塘丁氏八千卷楼全部藏书，陆续搜集宋、元、明、清秘籍珍本、名家批校本、精抄本5万余册。又用3万多两白银建造起44间具有民族风格的藏书楼，建筑面积2000多平方米，宣统二年（1910年）八月十八日正式开馆接待读者。该馆后又购得武昌范氏木樨香馆藏书及宋教仁先生遗书等，到民国初年藏书已超过10万册、80万卷。

自晚明以降300余年间，清凉山—鼓楼一带精英文化萃集，不愧为南京文化的制高点。

现代城市与《首都计划》

南京现代城市的建设，始于晚清洋务运动时期。

肇始于道光年间的洋务运动，是中国近现代的一次改革开放尝试，咸丰年间因太平天国战事而中断。同治三年（1864 年）清军攻占南京，此后相继任两江总督的曾国藩、李鸿章、刘坤一、沈葆桢、左宗棠、曾国荃、张之洞、端方等，都是洋务运动的重要骨干人物，使南京在引进新兴工业、实施新式教育、建设新型城市等方面，都能得风气之先。现代工业、铁路、邮电、学校、开放商埠等事物相继在南京出现，成为南京城市发展史上的一个崭新阶段。

洋务运动对南京的影响

在城市建设恢复之初，新兴工业就已经进入南京。同治四年（1865 年）八月，李鸿章主持创办南京第一座现代工厂——金陵机器制造局，次年八月竣工，厂址在聚宝门外西天寺故址附近。该厂每年经费为白银 10 万两，“购机器于外洋，募洋匠为师，督诸匠制造炮位、门火、车轮盘架、药弹箱具、开花炮弹、洋枪、抬枪、铜帽等项”。厂房“皆仿外洋之式营造”，为人字形屋顶，三角桁架，青砖清水墙面，门窗上部砌成圆拱，属典型的欧洲折中主义时期厂房形制。投产之际员工约 400 人，后几经扩充，成为全国四大兵工厂之一。同治五年（1866 年），清廷加授两江总督李鸿章为南洋通商大臣，除负责外交、通商外，还主办练兵、防务、工业、交通、教育等新政，统称洋务，被视为当时国家最重要的事务。同年，设两江洋务局于江宁土街口（中山东路洪武路口），并于下关设洋务分局，负责与通商各国往来及交涉事件。光绪七年（1881 年），设江南官电局于金陵机器制造局内，下辖两江总督府分局、下关分局等。光绪八年（1882 年），津沪电报总局开设江宁电报局供民用。光绪二十六年（1900 年），江南官电局在城南润德里设德律风总汇处，即电话交换所，最初 16 个电话用户都是清廷衙署，5 年后对商民开放。后又在通济门外七里街建金陵制造洋火药局。宣统二年（1910 年），金陵电灯官厂发电成功，开始供电，该厂设在西安门外，尽先保证江宁将军署和两江总督署的用电。

光绪二十年（1894 年），南京首家民营工厂胜昌机器厂在下关建成开业，主要业务为修理船舶和动力机械。后相继出现杨永兴机器厂、泰记和茂工厂、金陵机器火砖厂、咸阳火柴厂、亨耀电灯厂等，规模虽不算大，但却是最早一批具有资本主义性质的企业。其时全城已有产业工人 1000 多人。

清朝末年出使外洋的官员已经接触到西方的博览会，中国也曾挑选商品参加世界博览会并获奖。光绪三十四年（1908 年）秋，两江总督端方、南洋新兵督练陈琪赴欧洲考察，返国后奏请在南京开办南洋劝业会。第二年，清廷委派官员筹办，并通令各省大商埠成立出品协会事务所，南洋大臣所属各府、州成立物产出品所，南洋群岛的泗水、三宝垅、爪哇、巴达维亚、新加坡等地也纷纷成立出品协会征集展览品。上海、南京、两湖、直隶、广东等地纷纷成立协赞会进行赞助。宣统二年（1910 年）夏，南洋劝业会在南京开幕，堪称中国举办的第一次世界博览会。南洋劝业会主会场在丁家桥、三牌楼一带，面积 40 多公顷，20 多座馆舍分门别类，有中式，有西式，有如园林，有如殿宇，异彩纷呈。会场内外附设有马戏场、动物园、植物园、剧场等游艺场所。这是南京第一个经过详细规划设计的大型现代建筑群。南京城内的小火车也因此新增劝业会站（后改称丁家桥站），以运输物品，便利交通。会场外并铺设轻便轨道，每小时发小火车绕场一周。各地送来的展品达 100 万件。展览持续 6 个月，吸引中外商旅游客数十万人。劝业会

南洋劝业会开会日场景

设立五等奖项，评出5000多件获奖品，出展商品总成交额达数千万银圆。

为给观众提供一个环境优美的游览休憩场所，同时又在附近城墙开辟丰润门（今玄武门）以通玄武湖。这也是玄武湖成为现代公园的肇端。曾国藩修建了湖神庙、湖心亭、观音阁、赏荷亭等，左宗棠修筑了连接梁洲的长堤，张人骏扩大绿地面积并修筑翠虹堤，湖中园林楼阁渐多。宣统三年（1911年），玄武湖正式向游人开放。同年秋，还利用南洋劝业会会场举办了第一届全国学界运动会，虽然只有140名运动员参赛，但参观者每天都超过4万人。中华民国成立后追认此次运动会为全国第一届运动会。南洋劝业会的举办，拉开了城北丁家桥、湖南路直到三牌楼一带开发建设的序幕。

南洋劝业会农业馆

从某种意义上说，南京成为晚清洋务派的一个试验场。其优越的地理位置便于经济建设发展，历史名都与近世政治文化副中心的地位又便于在全国造成影响，无疑是作为这种示范的最佳选择。南京江海文化的传统，在此际又一次得到弘扬。现代工业、交通、商贸、金融各项事业的发展，教育、文化事业的兴盛，政治体制的改良，多方面交相推进，交相呼应，千年古城逐渐向现代城市演化。

下关率先成为现代城区

在晚清洋务派致力于现代开发建设的同时，西方列强迫使江宁开埠，中国官方、民间积极应对，使城北下关江边迅速崛起为新的工业、交通与商贸中心，大大拉开了南京城市发展的框架，显现出当代南京的雏形，成为南京城市建设史上又一个大幅度跨越式发展的阶段。

第二次鸦片战争期间，英、法、美、俄四国迫使清政府签订《天津条约》，已有增开南京为通商口岸的条款，但因南京被太平天国所据，未能实行。同治四年（1865年），英法官员来南京勘察开埠地点，因见城内一片废墟，居民流失，只大致指画“狮子山城河之间”为备用地，没提出设立租界的要求。随着长江航运的发展，仪凤门外的下关地区渐成为新的交通枢纽，往来中外商船日渐增多。同治六年（1867年），两江洋务局在下关设立洋务分局，处理港内外涉外事务。次年，美国旗昌轮船公司率先在下关兴建简易码头一座，时称“洋棚”。为便于管理，清政府于同治十年（1871年）在下关筹建轮船招商局，并建造正规码头，添置大型渡江轮船，接运过往客商。西方列强纷纷在下关沿江私设码头，强占地盘，开办洋行，并排斥中国商人。光绪二十一年（1895年），清政府又修建一座公用轮船码头，称接官厅码头，供过往官船及外国轮船停泊，以抵制英国在下关自建码头的要求。惠民桥一带，英商怡和、太古洋行，美商美最时洋行，日本邮船会社，德国商宝公司等相继开业。这是西方列强进入下关地区的第一阶段。

第二阶段始于光绪二十五年（1899年），清廷批准西方列强提出的《修改长江通商章程》，再次将南京列入通商口岸，金陵关宣布开关，南京港正式开放。列强得在下关永远租借土地，建造码头、行栈，甚至停泊兵轮。但在与各国领事正式划定南京口岸界址时，经两江总督刘坤一力争，最后确定惠民河以西沿长江岸长5里、宽1里左右地带，为外国商人开设洋行、建造码头、货栈之地，但并非租界，中国商人同样可以进入经营。自惠民桥通往今中山北路约1里长的街道，因下关商埠局所在而被叫成商埠街。下关地区由此迅速发展，现代工业、水陆交通，与大马路、二马路、永宁街等宽阔而规范的商业街市，组

清末民初的繁华下关

成了南京城中引人注目的现代城区。因下关商埠的兴起，南京城市人口增加了约 10 万人，占人口总数四分之一强。

下关地区既已成为南京举足轻重的新城区，其与城南地区的联系，也就提到了城市建设的日程上。当时海陵门（今挹江门）尚未开辟，鼓楼以北城区仍相当荒凉，道路崎岖难行，且时有盗匪出没。光绪二十一年（1895 年），南京修建第一条联系南北的近代道路——江宁马路，以两江总督署为中心，东南至通济门驻防城边，西北穿过碑亭巷，经鸡笼山南麓过鼓楼冈，再循旧年石路出仪凤门至下关。此为南京古道改建近代道路的开端，参照上海租界马路技术结构标准修筑，路幅 6 米至 9 米，个别路段是木块路面，大部分是砂石路面，能通行马车和黄包车。从 19 世纪末的照片上可以看到，当时的道路仍是直接从鼓楼下的拱券门中通过的。南京开埠后交通量大增，又将江宁马路扩建，沿途并分别向贡院、内桥、汉西门等处延伸，先后开筑多条支线，路幅略窄于主干道，南京城区的交通状况也得以改善。

从筑墙到开路，是社会由封闭向开放转化的鲜明表征之一。

光绪三十三年（1907 年），南京仿照杭州办法开工修筑城中铁路，花费白银 40 万两，至次年底建成宁省铁路约 12 公里，宣统元年（1909 年）初全线通车，因线路短、站距近、设施简单、车速也慢，俗称小火车。小火车路线起自下关江边，过惠民桥，由金川门入城，经三牌楼、鼓楼，沿鸡笼山南麓东行，过珍珠河后南折，经两江总督署东侧，到中正街（今白下路）止。沿途有江口、下关、三牌楼、无量庵（后改鼓楼）、督署（后改国府路）、万寿宫（后改中正街、白下路）等 6 个车站。南洋劝业会期间增设劝业会站，后称丁家桥站。1912 年元旦，孙中山先生从上海来

鸡笼山下的小火车道

两江总督署东墙外的小火车道

南京就任临时大总统，乘沪宁线火车至下关，后转乘小火车直达两江总督署。

江宁马路和城中铁路这两条城市主干道，鼓楼以南的路线都偏向城区东部，一方面是因为须经过行政中心两江总督署，另一方面也因为城西的外秦淮河当时还是重要的交通干线。水、陆干线分处东、西，布局较为合理。值得注意的是，因为新式交通工具的出现，陆上交通此时已显示出与水上交通分庭抗礼的态势。

与此同时，下关又成为中国重要的铁路枢纽。光绪二十一年（1895年），张之洞已提出修筑沪宁铁路的设想，以铁路为国家的“气脉”，对农、工、商业发展都有利，次年得到清廷批准。因资金困难，采取分段筹筑办法，清廷拨款白银50万两，向德国借款250万两，先筑吴淞至上海一段。后西方列强看到中国铁路建设的巨大商机，争相以获取铁路贷款权为手段，以债权人、受托人身份修建和经营中国铁路。英国与清政府签订沪宁铁路借款合同，光绪三十一年（1905年）全线开工，光绪三十四年（1908年）竣工。沪宁铁路南京车站设在下关龙江路，国民政府定都南京后改称南京下关火车站。向英、德两国借款修建的津浦铁路

南京车站

于宣统三年（1911 年）接轨，北来火车直达浦口，乘客、货物可于浦口乘轮船抵达下关，转上沪宁线。原本就是长江东西航运重要港口的下关，又成了铁路南北交通的转运站，遂成为中国最重要的交通枢纽之一。

光绪三十二年（1906 年），两江总督拨款白银 10 万两，以工代赈，改善下关市政设施，疏通惠民河和三汊河，平整地面，重建惠民桥，修筑和拓宽多条马路，并设置煤油路灯。光绪三十四年（1908 年），为满足交通运输需要，在神策门和金川门之间新辟小北门，俗称四扇门，又在外秦淮河岸定淮门与清凉门之间开辟草场门。

南京城市建设的总体格局由此发生根本变化。自明初建都城 500 年来，大规模的城市建设第一次跨出城墙之外，同时再次形成南北相向推进的局面。两个经济区域之间加强联系、相互促进的要求，已经体现出经济发展和城市建设相当自觉的主观意识。下关地区成为最早进入现代城市的区域，促进了城北地区的开发与繁荣，也使南京的城市空间成倍增长，经济实力迅速上升。正是因为有了这样一个基础，中华民国定都南京才成为可能。

从同治初年到清末虽然不足 50 年，但实为清代南京城市建设中最为重要的一个阶段，也是 2500 年南京建城史中最为重要的阶段之一。

民国初年的城市规划与建设

清宣统三年（1911 年），辛亥革命爆发，12 月 2 日南京光复。12 月 10 日，全国响应武昌起义的 17 省都督府代表在南京丁家桥江苏咨议局聚会，商讨建立临时中央政府，于 12 月 29 日推举孙中山为临时大总统，并宣布改国号为中华民国。在某种意义上说，清王朝的寿终正寝，就是在这里决定的。

1912 年元旦，孙中山在南京就任中华民国临时大总统，废江宁府及所属上元、江宁二县，改置南京府，作为中华民国首都。临时大总统办公室设在两江总督署煦园西花厅。中华民国不但是中华大地上第一个民主共和国，也是亚洲的第一个民主共和国。这是有别于封建王朝的一种全新社会。所以，民国建都绝不是在南京历代建都史上再加上一个简单的量，而是增添了一种截然不同的质。

时仅三个月，孙中山辞职，临时政府北迁。1913 年，南京府改为江

咨议局会议大厅

宁县，1914年复改为金陵道。北洋军阀统治时期，南京多次遭受兵火劫难。其间，工业、教育等事业陆续有所发展，市政建设进展缓慢。下关地区垫地筑路、开海陵门（今挹江门）以便交通，对商埠发展促进较大。1915年前后用以工代赈方式拆除驻防城城墙，实则所拆主要是明皇城城墙，使明故宫遗址自此失去保护的屏障。1918年拆除闲置数年的贡院，改造为商肆，夫子庙地区的商业空间扩大，更趋繁荣。南京的现代教育也得到进一步发展。1920年，在原两江师范、南京高等师范旧址筹建国立东南大学。1923年，金陵女子大学迁入宁海路新校址，陈鹤琴先生创办鼓楼幼稚园。1926年，中山陵的择址与设计建造，是最重要的一项建设工程，不但直接影响到南京东郊的发展趋势，而且也影响到城市干道走向和格局变化。

1927年，北伐军光复南京，仍以南京为中华民国首都，国民政府设在原两江总督署内；定南京市为特别市，市政府设在夫子庙贡院旧址。南京再次成为全中国的政治中心，此后十年城市建设成就最为显著，全市人口也增加到百万以上。1937年12月13日，侵华日军攻占南京城，30万无辜民众惨遭屠戮，城内大片繁华商区和稠密民居被毁，经济建设停滞，人口锐减。抗日战争胜利后，国民政府还都，人口一度增加到131万人。不久内战爆发，金融崩溃，社会急剧动荡。1949年4月23日，国民政府弃城，中国人民解放军占领南京。

民国年间，南京城市建设的一个重大进步，就是顺应世界性城市规划潮流，产生与实施了现代城市规划。

孙中山先生1918年编写的《实业计划》中，高度赞许南京“位置乃在一美善之地区。其地有高山，有深水，有平原，此三种天工，钟毓一处，在世界中之大都市，诚难觅如此佳境也”，并提出了南京和浦口部分地区建设的原则性计划，还设想建设过江隧道以加强南北交通联系。1920年，南京督办下关商埠局编制的《南京北城区发展计划》，从现实出发，力求顺应北城区用地的扩展趋势，并加强、改善下关新区与城南老区的联系，整合全市为一体。1925年春，南京各界代表聚议现代市政建设问题，商定组建南京市政筹备处，责成其制订《市政计划》。次年完成的综合性计划包括市区规划、交通计划、工业计划、商业计划、公园计划、名胜开发计划、住宅计划、教育计划、慈善公益计划、财政计划等十个方面，并且考虑到实施手段及程序，对投资来源、施工人力与物力等都做了具体安排。这份《市政计划》可说是南京历史上第一个具有一定社会基础的城市规划，也是第一个范围涉及南京全城的规划。规划的制订和内容都可以看出西方城市规划理念的影响。由于时局变迁等原因，这份计划只取得了局部实施成果。

1928年初，北伐战争胜利在望，首都建设也提上议事日程。同时因外来人员大量涌入，短短几年间人口总数翻番，也成为影响正常生活秩序的迫切问题。南京历史上数次出现外来人口多于原住民的情况，而以这一次数量最多，速度最快，因而压力也最大。南京市政府一面派员出国考察现代市政，一面筹设城市设计委员会。当年10月，三易其稿的都市开发计划定名为《首都大计划》，明确提出指导思想是“要把南京建设成‘农村化’、‘艺术化’、‘科学化’的新型城市”。编制者针对现代大都市“向来以工商业为生命”，“居民的生活往往过于反自然，过于不健全，所以主张都市田园化，于都市设施时注意供给清新自然之环境”，根据南京城区有山有水且有大片农田的具体条件，提出“农村化”，并强调“东方文化历史悠久，不必模仿人家”，应弘扬国粹精神，提倡“民族化”的传统建筑形式。同时，应吸取欧美国家城市规划建设的成功经验，重视现代社会发展的新趋势和新需求，制定“科学化”的城市规划。

《首都大计划》制订之中，即已对南京市政建设发生实际指导作用，所以每一稿都在城市建设中留下了痕迹。最重要的是自1928年8月起修建的中山大道，贯通城北、城中、城东，永久改变了南京的城市空间结构，成为民国南京的城市中轴线。中山大道路幅宽40米，中间机动车道宽10

民国年间的中山东路

米，铺柏油路面；两侧慢车道各宽 6 米，铺碎石路面；再外侧设人行道各宽 5 米。机动车道与慢车道之间辟有安全岛和林荫道，人行道边也植有林荫树，继承了古都的绿化传统。

中山东路成为陆上交通重要性超越水上交通的象征。这条新型道路不仅成为新的交通干线，对三大历史城区此后的发展也影响甚大，尤其是使城北地区的地位得到提高，南京的整体发展呈现明显的北迁趋势。此后，中央院、部的诸多官署都沿中山大道两侧布置，城市新开发区也以此为轴线，而交通枢纽新街口广场也就必然会形成新的商业中心，最终取代三山街、夫子庙商业中心。

中山陵的选址紫金山和中山大道的修建，成为导致明故宫遗址遭切割的直接因素。孙中山先生的最大历史贡献正是推翻帝制，中山大道穿过明故宫，在当时没有任何人感到不合适。当然，即使没有中山陵的建设，明故宫地区被开发利用，也只是早晚的事情。事实上，1927 年底已在明皇城西南部修建了明故宫飞机场。

《首都计划》及其影响

首都建设规划的最终决定权在国家层面，规划的制定过程往往体现出各种政治力量的博弈。《首都大计划》一改再改，终未能成定案。

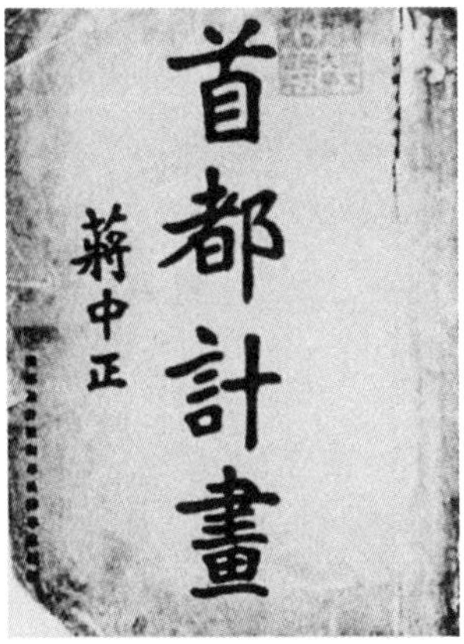

《首都计划》封面

1928 年 12 月，由孙科负责的国民政府国都设计技术委员会，以林逸民为下设专员办事处处长，聘请美国建筑师墨菲和工程师古力治为顾问，同时聘请吕彦直等国内专家相助，开始编制南京城市总体规划——《首都计划》。因古力治参与时间只有 3 个月，所以实际上的主导人物就是墨菲。1929 年年底，《首都计划》由国民政府正式公布。

墨菲于 1913 年受美国雅礼教会聘请来华，规划设计带有中国宫殿风格的长沙雅礼大学，由此开始了长达 20 余年的中国执业生涯，前后承接规划设计近 40 项，北京燕京大学、南京金陵女子大学（南京师范大学前身）都是他的作品。他曾为孙科担任市长的广州编制城市规划，深得孙科欣赏。墨菲对能为一个大国首都做规划感到极为兴奋，将编制《首都计划》视为实现自己规划理念的重要机遇，并试图借此建立个人事业的纪念碑。

在对南京城市现状进行科学调查基础上编制的《首都计划》，是南京历史上第一部比较系统的城市规划文件，也是民国时期最为完整的一部城市规划，不仅对现代南京的城市建设具有直接指导作用，而且成为各大都市规划的范本。其规划理念与方法，对中国现代城市规划发展具有重要促进作用，在当时世界各国大都市规划中，也是较为先进的，迄今仍不失研究价值。

墨菲

《首都计划》明确提出以人为本的宗旨，宣称首都建设要能“使南京市民在精神、形体、经济各方都获得利益”。以全体居民的需要为首要考虑，是一个划时代的进步，显示出规划的现代性。此前的封建时代城市建设，即使有规划，也都是以满足统治者即极少数人的需求为前提的。

当时的南京城，各片区间的发展极不均衡。城南老居民区街道狭小，基础设施严重

孙科

欠缺，而又面临定都后人口剧增的压力。下关现代城区的出现，使南京城南北框架得以大大拉伸，但东部受限于明故宫和玄武湖，西部受限于外秦淮河，东西距离相对短窄。针对这一状况，规划在城市空间布局上以“同心圆式四面平均开展，渐成圆形之势”为理想模式，调整“狭长之形”，并明确要求避免“一部过于繁荣，一部过于零乱”的畸形发展。然而，实际解决问题远比提出问题复杂，这种畸形发展，在20世纪始终成为南京城市建设的一大难题，且有愈演愈烈之势。

《首都计划》强调以“科学理性”和“民族主义”作为指导方针，在宏观上采纳欧美规划理念，微观上采用中国传统形制。运用欧美模式不是简单照搬，而是根据不同情况分别对待，在规划方法、城市设计法案、规划管理等多方面，《首都计划》都能批判地借鉴欧美经验。这种科学态度是难能可贵的。规划强调的“民族主义规划论述”，一方面表现在中央政治区选址紫金山南麓，采取雄伟壮丽的空间形式以延续中华民族的传统；一方面表现在广泛采用中国的殿宇式建筑风格，南京市行政区、新街口广场周边、秦淮河地区的建筑设计，都坚持了“中国固有之形式”。同时在建筑材料的使用和内部空间的处理上，又不乏现代性。

墨菲主张，在古代南京城再造新首都，应该有“中国风味”。这是墨菲对中国现代城市建设的另一个重要影响。他在认真考察中国建筑基本元素并经过长期实践后，1928年提出“中国建筑文艺复兴”理论，主张“改良中国建筑使之能适应于现代使用”。他倡导兼具现代建筑技术、满足现代功能需要而保持中国宫殿建筑风格的建筑物，并且强调，要设计出真正的中国特色建筑，必须从开始就以完整保留中国建筑的外观为出发点，而不是在造成西方建筑外观后，再加入中国元素。室内设施则可以主要按照现代功能需要进行安排。此后，南京出现了一系列保持中国传统宫殿式样的“大屋顶”官方行政建筑，中山东路上的励志社建筑群（现钟山宾馆），对称布置于明故宫遗址两侧的国民党党史资料陈列馆（现中国第二历史档案馆）和中央监察委员会办公楼（现南京军区档案馆），中山陵园内的美龄宫，鸡鸣寺下的国民政府考试院（现南京市政府），中山北路萨家湾的交通部和铁道部（现南京军区大院内）等，都是这一时期的产物。

作为墨菲助手的吕彦直，与墨菲渊源颇深。吕彦直设计的中山陵，就是墨菲“中国建筑文艺复兴”理论的一个成功范例。这一方案因受到孙科的积极支持而得以采用。民国年间活跃的中国建筑师，也多受墨菲影响。抗战爆发前成为南京建筑主流的“新民族形式”建筑，与墨菲的“中国建筑文艺复兴”有明显渊源关系。

《首都计划》虽经正式公布，但因政府高层有人反对将中央政治区设在紫金山南麓，导致整个计划无法落实。1930 年 1 月，蒋介石批示将中央政治区设在明故宫，是牵动全局的大变动。此后直到 1937 年，《首都计划》经数次修正，但多集中在中央政治区、道路交通和住宅等几方面，迄无定论。不过，中央政治区位置虽定，建设工作始终未进行，国民政府及总统府仍设在原两江总督署内，使明故宫遗址得以免遭灭顶之灾。

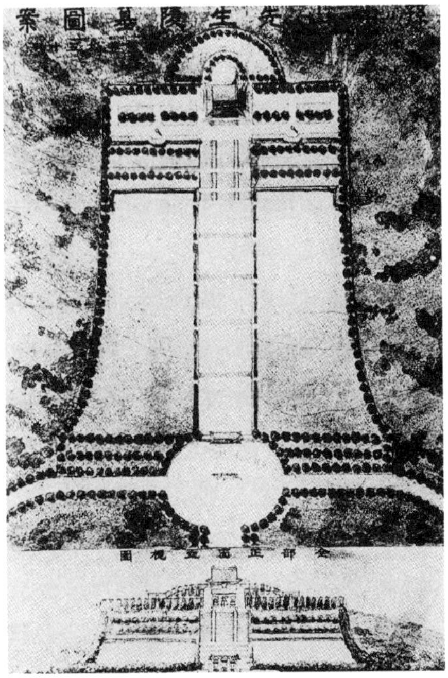

吕彦直的中山陵设计图

《首都计划》实施受阻，但城内交通干线建设没有停顿。1930 年 3 月，《首都道路系统图》付诸实施。10 月，又公布了《首都干路定名图》，将全城干路分为三类。第一类是路幅宽 40 米的十字形主干道，分别是：中央路，命名表示南京是中央政府所在地；中山路，纪念孙中山；汉中路和中正路（今中山南路北段），表示居于首都道路系统的中心，后者又恰是蒋介石的名字。第二类位于中山路、中央路

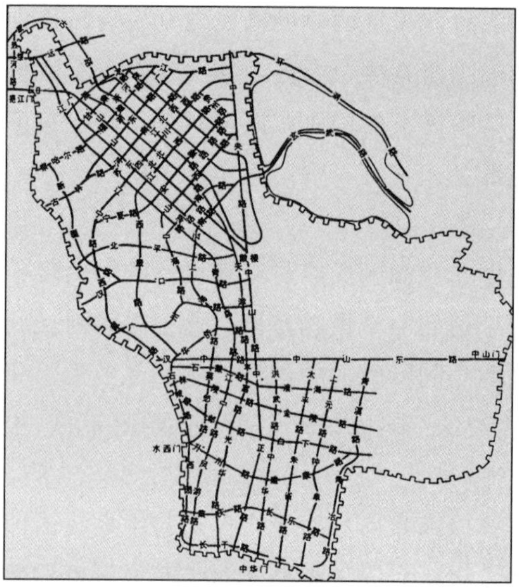

首都干路定名图

以西，汉中路以北，多为新辟建的次干道，其间大致以北平路（今北京西路）为界，其南片以各特别市命名，并考虑到海外华侨，命名了一条华侨路；其北片以二十八省及西藏、蒙古两地方命名，命名原则是财力强的省命名长路，财力弱的省命名短路，所以广东路长 4.8 公里，而贵州路仅长 600 米。第三类是中山东路、汉中路以南的旧式道路，经过整修后，东西方向的主要以南京旧称命名，如秣陵路、金陵路、建邺路、白下路、昇州路、建康路、集庆路、长干路等；南北方向的，或依胜景地标，如青溪路、朱雀路、莫愁路、凤游路、石城路，或取旧有地名，如江宁路、上元路、钟阜路、太平路、洪武路、光华路等，体现了对历史文化的尊重。道路沿线的商业与居民区发展也较快，并形成了多种建筑元素并存共生的局面。

这一时期建成和部分建成了中央路、中山北路、中山路、中山东路、中正路、汉中路、中华路等 50 条主次干道，形成了以新街口广场为中心的城市干道基线，也有效地改变了城市总体布局。新街口广场在 1931 年建成，1935 年扩建，是南京城内第一个现代广场，此后又建成山西路、鼓楼两个环形交通广场。这些新型道路与旧

抗战前夕的新街口

式街巷的功能不同，旧式街巷在通行功能之外，较多地作为商业和社会交往的空间，而新式道路主要就是作为交通干道，所以被南京市民称为“马路”。从南京的地名中，可以清楚地看出，凡名为某某“街”的，多是旧式道路，而新式道路一律命名为某某“路”，实则是“马路”的略语。老城区内只有经过拓宽改善的街巷才命名为“路”。

此外，1928 年在鸡笼山北极阁建气象台，1930 年在鸡笼山东麓建国民政府考试院（现南京市政府），次年在灵谷寺南建造占地 80 公顷的中央体育场。1934 年紫金山天文台建成，次年国立中央研究院新大楼在鸡鸣山麓落成，原成贤街旧址让给中央图书馆，中央地质调查所在珠江路小营建成。如果说各交通干道是城市的骨架，沿线的大型建筑就是坚实的肌肤。一个现代南京城，就是这样逐渐丰满起来。

新住宅区的建设也有明显成绩。到抗日战争爆发前，南京已建成各式花园洋房、庭院住宅 1700 多处，约 70 万平方米。中山陵园区建设逐步完善，并在陵园东南建起了占地千亩、房屋 200 余幢的陵园新村。市区内建起了良友里、梅园新村、复成新村、淮海新村、匡庐新村等一批现代里弄、院落住宅。最显著的成果是山西路、颐和路一带的公馆区，与《首都计划》中的规划要求完全相符，其空间布局、道路尺度、院落划分、建筑风格、内外绿化、排水雨污分流等各方面，都有严格规定，287 幢西式洋楼，风格各异，极少雷同，形成南京城内一片独特的风景。公馆区内的交通自成系统，以颐和路为轴线，两侧道路都以中国风景名胜区为路名，如牯岭路、琅琊路、赤壁路、珞珈路、灵隐路、普陀路、莫干路等，并建有宁海路、江苏路、扬州路、苏州路、山阴路、仙霞路等六个环交广场，是当时南京环交广场最密集的区域。许多外国大使馆、领事馆也设在这一带。此外，位于宁海路金陵女子文理学院附近的新住宅区，规划建设别墅 295 幢，但只有合群新村内少数建成。

同时，南京市政府在 1933 年成立棚户住宅改革委员会，决定把市区内有碍观瞻又不卫生的棚户，迁往偏僻地点，并计划在 7 年内建造简易房屋，以解决 6000 户平民的居住问题。但最终建成的平民住宅只有 6 处共 4 万平方米。此类建筑也不同于传统的街坊式平房，而多为简易长条式连幢建筑，每户一间，分隔成内、外两室；较好的则以四间两厅为一组，

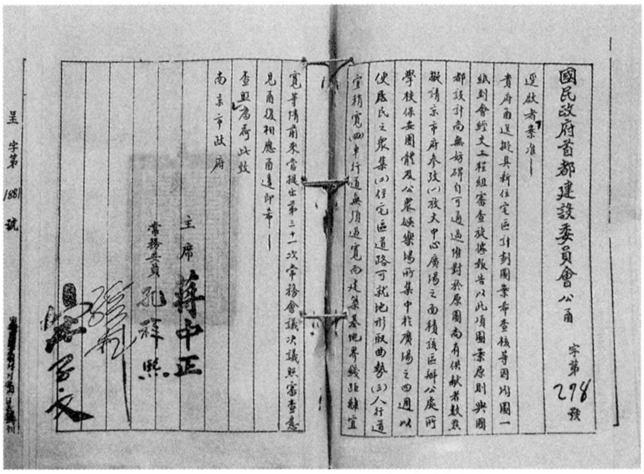
國民政府首都建設委員會公函 字第278號
逕啟者案准—
貴府函送擬具新住宅區計劃圖案希查核等因附圖一
紙到會經交工程組審查旋據報告以此項圖案原則與國
都設計尚無妨礙自可通過惟對於原圖尚有供獻者數點
擬請京市府參攷(一)放大中心廣場之面積該區辦公處所
學校保安團體及公衆娛樂場所集中於廣場之四週以
便居民之聚集(二)住宅區道路可就地形取曲勢(三)人行道
宜稍寬(四)中行道無須過寬而建築基地界線距離宜
寬等情前來當提出第三十一次常務會議決議照審查意
見函復相應函達即希—
查照爲荷此致
南京市政府
主席 蔣中正
常務委員 孔祥熙
呈 字第1881號

首都建设委员会关于新住宅区规划的公文

分住两户。当时大部分市民仍居住于明清时期的旧式住宅内。

1937 年 12 月 13 日，侵华日军侵占南京，市内建筑在战火中遭严重毁损，许多房屋又遭日军强占，导致市民生活条件大为恶化。抗日战争胜利后，国民政府还都南京，在 1947 年又编制过一份《南京市都市计划大纲》，但市政建设成果有限。1949 年 4 月，随着国民政府退出南京，民国年间的所有建设规划也都宣告终结。

下篇

优势特出　成就卓著

兼容并蓄的学术氛围

城市既是文化发展的产物，也是文化发展的土壤。长期生活在一座城市中，人的思想意识、行为习惯自然而然会受到环境的影响，而人所创造的物质与精神产品，又会对城市形成反哺。城市文化，在城与人的相互作用中日积月累，丰富繁荣。有着 2500 年悠久历史的南京城，就是这样形成了自己的文化特色。尤其是作为十朝都会，每一次的建都，都会有外来文化以强势进入，打破原有的文化构成，为城市文化增添新因素与新活力。

东晋南朝的思潮纷起

东晋南朝时期，南方虽亦有战乱，但与北朝相比，总体来说社会较为稳定，经济增长迅速，科学技术成就显著，稻米产量已超过北方，商业贸易更加发达，海外交往相当频繁。同时，随着中原文士纷纷南渡，南方土著与北方侨民、庶族与士族的文化不断碰撞交融，中外多种文化因素的相互激荡，都城建康（今南京）的文化也达到空前的繁荣，不但形成了南京历史上第一个文化高潮期，也成为中国历史上继春秋战国之后的第二个文化高潮期。后世所称“六代繁华”，主要指孙吴、东晋以迄宋、齐、梁、陈这六朝。

由于儒学的纲常礼教难以应对六朝时期社会动荡的局面，两汉以来儒学独尊的地位被打破，政权专制力量亦被削弱，玄学、道教、佛教等各种思潮纷起，多元互动，交流渗透，可以说，从六朝建都开始，南京就形成了一种兼容并蓄的学术氛围。文人的个性得以自由发挥，创造力被激发，因而产生了一系列重要的思想文化成果。

道教是中国的本土宗教，正是在东晋南朝完成了经典体系和宗教形式的建构，成为能与儒家、佛教并立的成熟宗教。东晋葛洪不仅是医药学家，也是道教的重要学者。建武元年（317 年），他在建康完成了《抱朴子（外篇・内篇）》。《抱朴子外篇》五十卷，“言人间得失，世事

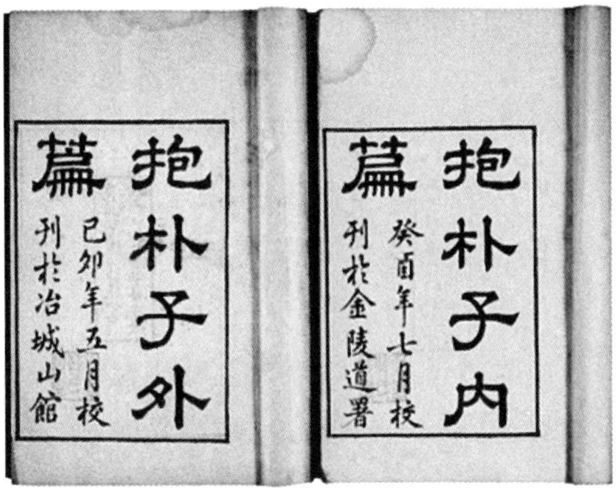

《抱朴子》书影

臧否”，属于儒家伦理和社会文化；《抱朴子内篇》二十卷，汇集先秦以降特别是魏晋时期道教神仙方术学说之大成，系统传布道教神学思想，是当时道教理论的代表作，也是后世研究道教史和哲学史的必读书。书中的炼丹术与药物学资料，也是备受关注的古代科学文献。

同在东晋，天师道杨羲创立上清派，以天师道女祭酒魏华存为第一代宗师，在江南士族中产生较大影响。王羲之就曾一丝不苟地抄写上清派重要经典《黄庭经》。上清派宗师多出身高门，有较高的文化素养，第七代宗师陆修静整理道经，创设“三洞四辅十二类”道经分类法，编成第一部道经目录《三洞经书目录》。他还总结和改进了道教教会的组织形式、戒律和斋醮仪范，南朝宋文帝聘他入宫讲道，宋明帝在天印山为他修建了崇虚馆。第九代宗师陶弘景是秣陵（今南京）人，齐永明十年（492年）辞官隐居句曲山（今茅山）修道，开创茅山宗，使茅山成为上清派的道场。陶弘景精通天文历算、医方、丹道、经学、地理等，有著作十余种，梁武帝时朝廷有事常向他咨询，人称“山中宰相”。他撰成《真诰》20卷，被视为道教的重要经典。陶弘景在宗教教义上援佛入道，提倡形神双修，主张儒、佛、道合法共通，而以仙为首，对后世道教有深远影响，也是学术上兼收并蓄的体现。

魏晋时期以洛阳为中心、以道家自然为本体的玄学，随着东晋南渡来到建康，继续影响当时士大夫的世界观、人生观和生活方式。玄学标榜门第，崇尚清谈，追求个性解放，重视风度形象，主张无为而治。当时士族甚至帝王以宽袍大袖、饮酒吃药、欣赏山水、品鉴人物、玄远虚胜、矜持清高为风流旷达的标志。东晋开国丞相王导专注玄学问题，常与殷浩、桓温、谢尚等重臣清谈到深更半夜，甚至以清谈选拔官员。其后名臣谢安也爱清谈，王羲之劝他，说国事多难，不宜一味空谈，荒废政务，谢安回答：“秦国任用商鞅，二世而亡，难道是因为清谈吗？”当时流行的药物五石散有毒性，服用后全身发热，必须饮热酒，行走散发，然后会有一时的神明开朗感觉。时间长了“肤脆骨柔，不堪行步”，所以要穿宽松的衣服和木屐，外出只能乘牛车缓行，不能骑马。但玄学的思辨，对中国古代哲学水平提升有促进作用，向往自然之道的探求，对南朝文学创作和艺术理论都产生了重要的影响。

东晋清谈在玄学理论上虽没有特殊建树，但其时佛教流播渐广，名僧加入清谈，佛义渗入玄理，以佛义解《庄子》，以清谈辩佛经，遂成一时风气。

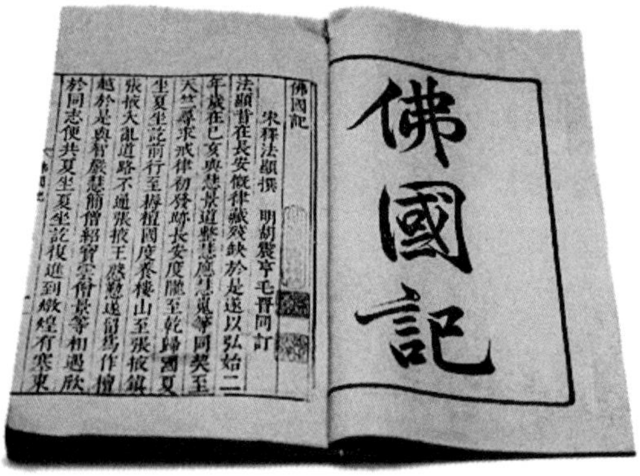

《佛国记》书影

佛教是典型的外来宗教，在汉代已传入中国，进入江南相对较晚。早期前来建业（今南京）的佛教徒，以支谦和康僧会影响最大。东汉末年，大月氏高僧支谦来到建业，因聪明超群有智囊之誉，孙权拜为博士，请他辅佐太子孙登。他深通梵典，以毕生精力译出《维摩诘经》《大阿弥陀经》《大明度无极经》等佛教经典 29 部，并提出译经应考虑汉语特点，重视文采，使读者易于理解。他还采用了会译的办法，将自译与旧译两相对照，便于研究。赤乌十年（247 年），康僧会从交趾（今越南）来到建业，开始在江苏译经传教，所译经文也得到很高评价。他说服孙权建佛寺供奉舍利，在南京城南凤台山山麓建造的建初寺，是长江以南第一座佛寺，可以说与洛阳的白马寺意义相当。“南朝四百八十寺”的盛况，由此肇端。

东晋南朝，佛教高僧与豪门士族交游日广，玄学和佛教互相影响，佛教因重思辨而学术色彩大增。高僧支道林所注《庄子·逍遥游》，提倡佛、玄结合，推动以佛证玄，超越时人。东晋义熙九年（413 年），西行求法达 14 年之久的高僧法显抵达建康道场寺，带回大量梵文佛经，与寺中学僧译出《大般泥洹经》《摩诃僧祇律》等经律 6 部。他又据亲历

30余国的见闻撰写《佛国记》（又名《法显传》《佛游天竺记》），反映中亚、南亚、南洋诸国的地理、历史、交通、社会文化，是现存时代最早的纪游实录。齐、梁之际，僧朗在摄山（栖霞山）弘扬“三论学”（《中论》《百论》《十二门论》），他的再传弟子法朗，陈朝在兴皇寺说法，法朗弟子吉藏后随隋炀帝入长安，与诸多教派的高僧辩论佛学，创立三论宗，以栖霞寺为祖庭。齐、梁、陈诸帝都曾命人抄写“一切经”（即后世《大藏经》）。梁武帝时命总集释家经典，安乐寺沙门僧绍撰成《华林佛殿众经目录》4卷，天监十七年（518年）经宝唱改定，共录书1433部，合3741卷。有学者认为这是汉文佛教经藏编集之始。梁武帝自称“菩萨皇帝”，在台城北门外建造同泰寺，以便随时参佛讲经，并曾四次舍身同泰寺，让群臣以亿万钱相赎，强迫国家将巨额财富转移给佛寺，其佞佛可谓登峰造极。但他功利心盛，境界并不高，禅宗初祖菩提达摩到建康，与梁武帝话不投机，“一苇渡江”去了河南嵩山少林寺，面壁九年，在北朝传下衣钵。

南朝不少士人对佛学有精深造诣。而佛教徒在译经时总结出汉字的声母、韵母和四种声调，发明反切拼音之法，也启发了当时的诗人。齐永明年间周颙撰《四声切韵》，沈约撰《四声谱》，提出“四声八病”之说，形成了中国古代格律诗的雏形“永明体”，为唐诗的鼎盛打下重要基础。这是翻译佛经给中国文学带来的意外收获。

佛教的广为传播，也触发了与中国传统儒家伦理、道教信仰的观念冲突，在夷夏之辨、佛道异同、神灭神不灭等问题上，双方时有争辩，甚至不乏激烈交锋。南朝齐、梁间，大法师僧祐收集自东汉末年至梁天监八年（509年）间180余篇文章，编为《弘明集》14卷，既有佛学家的作品，也有儒、道学者的作品，能够客观地反映双方论点，因而成为研究中国佛教史、思想史的珍贵文献。而最典型的事例，是竟陵王萧子良宾客范缜在天监六年（507年）发表《神灭论》，否定因果报应、生死轮回。梁武帝亲撰《敕答臣下神灭论》反驳，王公显贵62人写出75篇文章，对范缜大加批判。范缜又写出《答曹舍人》等文反驳，坚持自己观点。梁武帝以“违经背亲”的罪名将范缜贬往广州，但不久又起用他为中书郎、国子博士。由此可看出当时宽松的学术气氛，公然违背国定信仰、与皇帝唱对台戏的人，仍能在学术界占一席之地。

东晋南朝统治者一无例外的佞佛，似不能简单地视为个人信仰现象。近世研究者多注意到宗教的麻醉力量，但同为宗教，中国本土的道教，就只在少数知识分子中流行，不能形成宏大的社会力量，而早已成为江南风尚的鬼神崇拜，在社会生活中也几乎不起什么作用。所以，不能不考虑东晋南朝统治者的外来身份。如果外来的宗教能够为民众所接受，那么他们接受外来政权也就减少了心理障碍。外来的政权与外来的宗教，在建康城中形成了一种巧妙的结合。东晋南朝之所以给予佛教寺庙很高的特权，就是因为佛教能够成为统治者整合文化、巩固政权的重要工具。

六朝奠定史学传统

六朝的史学也取得了很高的成就。被列为正史的二十四史中，有三部产生于六朝南京。南朝宋元嘉年间，长期生活在建康的文学家、史学家范晔，撰写《后汉书》，吸取前代史家所长，保存大量珍贵历史资料，全面总结东汉盛乱治衰的历史经验，而且创立了《文苑传》《列女传》《逸民传》《方术传》等七种新列传，首次将民间文人、女性、隐士、方士等载入史册，完善了纪传体史书的体例，对中国史学有重大贡献。范晔《后汉书》与《史记》《汉书》《三国志》并列为“前四史”，而此前各家后汉史书遂逐渐废佚不传。

南朝齐永明年间，文学家沈约奉诏，在前人撰述的基础上着手编撰《宋书》，去粗取精，很快完成了纪和列传70卷，至梁天监年间完成志30卷，全书100卷。沈约《宋书》保存了大量经济、军事史料，收录了不少名人奏章和书札，尤其是具有鲜明的时代特色，对当时所重的门阀士族谱系作了较全面的反映，还记载了不少侨

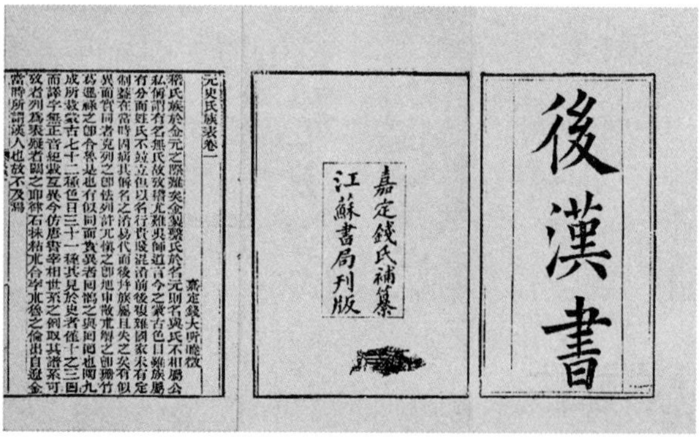

《后汉书》书影

置郡县的情况，弥补了前史之缺。同时，他对志的体例作了进一步的完善，并有所创新。沈约另撰有《晋书》100余卷、《齐纪》20卷、《梁武纪》20卷等，已散佚。

南朝梁文学家萧子显修撰《南齐书》60卷，是中国历史上唯一由前朝帝王后裔修撰的正史。萧子显是齐高帝萧道成的孙子，文才卓识，受到梁武帝的重用，在天监年间主动请求编撰齐史。他以当代人编当代事，能借鉴前辈史家的经验，保存史料相对完整，可信度也较高，同时发挥自己的文学才能，较系统地论述了文学创新的体系，对唐宋文学的发展有很大影响。萧子显另撰有《后汉书》100卷、《晋史草》30卷、《贵俭传》50卷、《普通北伐记》5卷等，均已散佚。

当时南北分立对峙，朝代更迭多变，一方面，统治者欲借助史书标榜王朝或民族的正统，如吴大帝孙权曾命丁孚、项峻撰著本朝史，晋元帝即位之初即命干宝掌修国史；另一方面，文人学士不能不关注时局的兴衰治乱，也常以总结历史经验供统治者借鉴为己任，所以形成一个史学热潮。除了上述三部正史，还有许多史学著作出现，如东晋干宝撰写编年体国史《晋纪》，何法盛撰《晋中兴书》，南朝宋时何承天、山谦之、苏宝生、徐爰等都曾修宋史。山谦之所撰《丹阳记》是南京最早的方志著作。颜延之著有《汉书决疑》，南朝齐熊襄撰《齐典》，齐、梁间陶季直曾撰《京都记》，梁吴均奉敕撰《通史》，并曾注范晔《后汉书》，萧子显之兄萧子云撰有《晋书》，任昉著有《地记》，梁、陈间顾野王著有《舆地记》《通史要略》《国史纪传》等。宋元嘉年间，裴松之奉诏为陈寿《三国志》作注。他打破前人旧法，注重史实考订与增补，博采众书达150余种，以补缺、备异、纠谬、评论等开创注史新例，所成《三

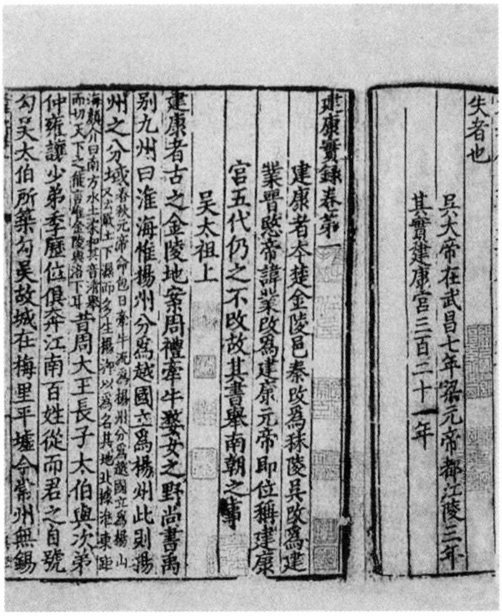
失者也
吳大帝在武昌七年梁元帝都江陵三年
其實建康宮三百二十一年
建康實録卷第一
建康者本楚金陵邑秦改爲秣陵吳改爲建
業晉愍帝諱業改爲建康元帝即位稱建康
宮五代仍之不改故其書舉南朝之事
吳太祖上
建康者古之金陵地案周禮牽牛婺女之野尚書禹
別九州曰淮海惟揚州分爲越國又爲揚州此則揚
州之分域
昔周大王長子太伯與次弟
仲雍讓少弟季歷位俱奔江南百姓從而君之自號
勾吳太伯所築勾吳故城在梅里平墟今常州無錫

《建康实录》书影

国志注》内容超出原著三倍，后世研读《三国志》必得连同裴注一起读。

南京的史学传统由此奠定，历代佳作不胜枚举。其中记述南京史事的，如唐许嵩《建康实录》，宋陆游和马令两种《南唐书》、周应合《景定建康志》，元张铉《至正金陵新志》，明礼部《洪武京城图志》、陈沂《金陵古今图考》、顾起元《客座赘语》，清甘熙《白下琐言》、陈作霖父子《金陵琐志九种》，民国王焕镳《首都志》、朱偰《金陵古迹图考》等，都为研究南京文化者所必读。

佛教文化源远流长

南京自六朝开始，即成为佛教文化的重镇，从此一脉不绝，源远流长。

除三论宗之外，在南京创立的佛教宗派，还有牛头宗和法眼宗。

唐贞观年间，禅宗四祖道信发现南京牛首山有异人，于是亲至牛首山幽栖寺访禅师法融，传授心法。法融认为“菩提本有，不须用守；烦恼本无，不须用除”，开创牛头宗，成为禅宗“五家七宗”之一。所以幽栖寺后来被尊为祖堂寺，所在的小山称祖堂山。传说法融在寺北山岩讲经，有百鸟献花，因得名献花岩。

清凉寺旧影

南唐时，高僧文益禅师为南唐烈祖李昪所重，受聘住持石城清凉禅寺，开宗立派，人称“清凉文益”。他的学说得到很高评价，当时四方前来求学的僧人多达千人。后主李煜为世子时曾从文益受戒。“解铃还须系铃人”的典故就发生于此。文益圆寂后，被中主李璟谥为“大法眼禅师”，他创立的禅宗宗派被称为法眼宗，清凉寺成为法眼宗祖庭。文益所撰的佛学著作中，最重要的是《宗门十规论》，指出当时禅宗的十种弊病，加以戒饬，并提出“明事不二，贵有圆融”和“不著他求，尽由心造”的主张。法眼宗教化学人的特点是“先利济”，即按照各人的根基分别施以教化。有人形象地比喻为“对病施药，相身裁缝，随其器量，扫除情解”，有类于孔子的因材施教。文益弟子德昭被吴越王钱俶尊为国师。法眼宗在宋代初年达于极盛，流布甚广，高丽国王曾派36名僧人到中国来学习法眼宗，后法眼宗在朝鲜半岛一直流传不绝，成为两国文化交流的佳话之一。

明初定都南京，太祖朱元璋于洪武五年（1372年）敕令以南宋《碛砂藏》为底本校勘新藏经，洪武三十一年（1398年）刊刻完成，经版藏聚宝门外天禧寺（大报恩寺前身），被称为《洪武南藏》。此后，明成祖朱棣又在大报恩寺刊刻了《永乐南藏》，较《洪武南藏》略有增删。南京高僧云集，名寺林立，有所谓的金陵八大寺，统领全国佛教。明代万历年间，南京礼部祠祭清吏司郎中葛寅亮崇信佛教，推行佛教改革，并编纂《金陵梵刹志》于万历三十五年（1607年）刊行。城西古林寺号称“中兴戒律第一祖庭”，在佛教史上占有重要地位。古林寺开山祖师如馨，字古心，明神宗赐号慧云律师，继承了隋唐以来的中国佛教南山律宗，又开启了明清以至近代的中国律学研究。

晚清、民国年间，南京再次成为中国佛学研究的重镇。安徽人杨文会，号仁山，是一位佛教居士和佛学家，在南京创办金陵刻经处，弘扬佛学，从日本引进中国东传的汉文佛经300多种，刊刻传播，促进了中国近代佛学的研究。民国时期的高僧、浙江人太虚，佛学家、江西人欧阳竟无等都出于他的门下。民国元年，太虚在南京创建了中国佛教会。1922年，欧阳竟无在金陵刻经处创建了支那内学院。

交通海外的文化视野

从东吴建都开始，南京不仅是一座雄踞江岸的都市，而且已是一座放眼大海、襟怀开阔的城市。中国四大古都中，唯一具有海洋文化因子的就是南京。由此形成的海洋文化传统，成为古都南京的一个重要特色和优势。

六朝频繁的海外交往

六朝时期，长江入海口尚在扬州、镇江一线。长江岸边的石头津是天生良港，千帆云集。东吴船队纵横于长江之上，西联刘备，北拒曹操，而且常有万人以上的大舰队远涉重洋。黄武五年（226年），吴大帝孙权派遣宣化从事郎朱应、中郎康泰等人到访林邑（今越南中部）、扶南（今柬埔寨）和南洋各国，所经历和了解到的国家共有100多个。这是中国第一次派专使通过海上丝绸之路加强对外政治、经济、文化联系，史称“南宣国化”，其意义不亚于汉代张骞、班超通西域。黄龙二年（230年），孙权派遣将军卫温、诸葛直率甲士万人出海，寻找夷洲（今台湾）和亶洲（今日本）。因亶洲的方位不是很明确，当时导航水平也不够高，卫温和诸葛直没有找到亶洲，只从夷洲带了数千人返回建业。这一航行载入《三国志·吴书》，是大陆与台湾之间的交往首次见诸史籍。

明版画：高丽国

嘉禾元年（232年），魏辽东太守公孙渊派使臣到建业，进献貂、马，表示愿意作东吴的藩属。孙权大喜，封公孙渊为燕王，意图借此形成南北夹击曹魏的形势。后公孙渊出尔反尔，但北上的东吴使节仍与句骊（今朝鲜半岛）建立了友好关系。

同时，东吴也常接待到访的海外诸国使节和僧侣。黄武五年（226年），东吴的交趾（今越南北部）太守吴邈将大秦（今罗马）商人字秦论送到建业，孙权向他了解罗马的国情风俗，后派使臣送其回国。这是罗马商人到达南京的最早记录，也是第一位有名可考的来华罗马商人。赤乌六年（243年），扶南国（今柬埔寨）国王派遣使臣到建业，贡献乐师和地方特产，孙权专门在皇宫附近建造一座扶南乐署，便于他们教授宫中乐师。中亚、印度等地的僧人，也有渡海来到建业的。

东晋南朝，江苏与海外的交往进一步扩大。东晋安帝时，石头津已经发展到“贡使商旅，方舟万计”的规模。联系最密切的朝鲜半岛，高句丽使臣到访建康不下30次，并多次贡献战马，仅宋元嘉十六年（439年）一次就多达800匹。百济使臣到访也有十余次。南朝多次派遣使臣前往朝鲜半岛，授予高句丽王征东大将军称号，授予百济王镇东大将军称号。

东晋义熙至南朝宋升明60余年间，倭国（今日本）遣使朝贡就有10次，宋帝多次授予倭王封号和安东大将军称号。日本习称六朝中国为吴，日语中常见以吴命名的词汇，如吴织、吴服、吴音、吴乐、吴桥、吴竹、吴牛等，东渡的中国移民被称作吴人，而吴人的定居地称作吴原，可见吴文化在日本文化中的深远影响。南朝齐、梁亦曾赐予倭王爵号。南朝梁时的对外交往规模超迈前代，《梁书·诸夷传》的记载也更为详备。梁武帝普通三年（522年），司马达去倭国，建造精舍崇佛，是佛教进入日本的最早记载。

东晋南朝与东南亚、南海诸国也常相往来。东晋时扶南国两次进贡驯象，南朝时扶南使节到建康不下15次。梁大同五年（539年），扶南国派使者到建康献生犀，并且宣传该国有佛的头发，长一丈二尺。崇佛的梁武帝十分高兴，当即派沙门释云宝随使者到扶南国去迎取佛发。他还聘请扶南高僧前来讲经传法，在建康建立译经道场扶南馆。此外还有远处南海的干陁利国、狼牙修国、婆利国等地使者前来建康。梁朝帝王画家萧绎在《职贡图》中画出了滑国、波斯、百济、倭国等数十位使臣形象，是当时与海外交往的直观反映。仅据正史记载统计，六朝时期来

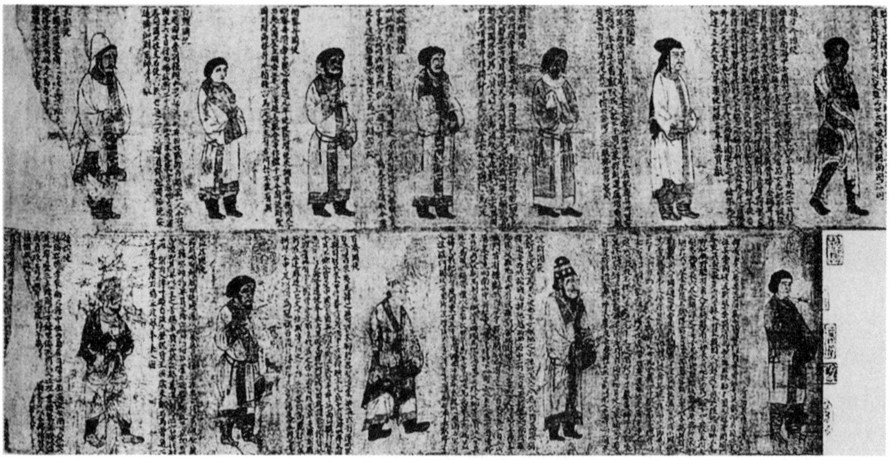

《职贡图》局部

到建康朝贡的就有 20 多个国家和地区的 100 多批使臣，除接受册封、购求佛教和儒家经典外，还聘请中国的学者、工匠、画师去外国交流。

当时南京地区常可看到外国人物和奇装异服，居民习以为常。双方通过贸易互通有无，南京输出的货物主要是丝织品，输入的有琉璃、象牙、犀角、珍珠、珊瑚、玳瑁、木棉、香料、檀香木、佛像，以至狮子、大象、犀牛、鸵鸟、鹦鹉、孔雀等珍禽异兽。这丰富了南京人的物质和精神生活，开阔了他们的眼界，促进了商品经济与手工业技艺的发展，而不把外国人视为"洋鬼子"，就是一种难得的开放胸怀。如果画一幅六朝风俗图，当会比《清明上河图》更多出一份异国风情。正是六朝南京与海外的密切交流，为隋唐长安与海外各国的友好交往，为海上丝绸之路的开拓发展，奠定了良好的基础。

唐懿宗咸通九年（868 年），新罗（今朝鲜半岛）诗人崔致远入唐，乾符元年（874 年）中进士，担任溧水县尉，后升任淮南节度使高骈的侍御史，著《桂苑笔耕集》传世，其中有不少与中国诗人的唱和。中和四年（884 年），崔致远回国，在新罗历任要职，发展经学和文学，后被高丽国王封为文昌侯，入祀高丽文庙，成为"东国儒宗"。

郑和下西洋的不朽功绩

明王朝定都南京。立国之初，明太祖就积极开展"宣德化以柔远人"

的和平外交活动，连续派出外交使团，出访安南、日本、朝鲜、爪哇、三佛齐、满剌加（今译马六甲）等 36 国，宣示中国已推翻元朝统治，重建汉人政权。各国相继派遣使臣来朝，进贡方物，双方的通商贸易关系也得以持续。

洪武末年，由于三佛齐（今苏门答腊、马来半岛一带，扼控马六甲海峡）等国的阻挠，南洋各国与中国的交往断绝。建文年间的“靖难之役”，一度造成国内动乱，对外关系也受影响。所以明成祖登基，在永乐元年（1403 年）即派出三批外交使团，出海访问十几个国家，以示对外友好。此后不惜耗费大量人力、物力、财力，“造巨舰以通海外诸国”。自永乐三年（1405 年）到宣德八年（1433 年）28 年间，郑和统领的庞大外交使团，组成世界航海史上空前的远洋船队，七下西洋，远航十余万里，到访 30 余国，在促进中外友好交往和文化交流、繁荣亚非地区经济等方面，做出了重大贡献，推进了世界文明的发展。

郑和本姓马，幼年在战乱中遭掠，被阉入宫，后做了燕王朱棣的家奴，因在“靖难之役”中屡建奇功，成为明成祖的心腹，赐姓郑，称三保太监。相传，郑和相貌俊伟。他既是回族人，后又参入佛门、信奉妈祖，这样的身份有利于与东南亚、西亚以至东非各国沟通，更因为他精通文韬武略，知兵习战，胆识卓绝，所以会成为率师远航的统帅人选。

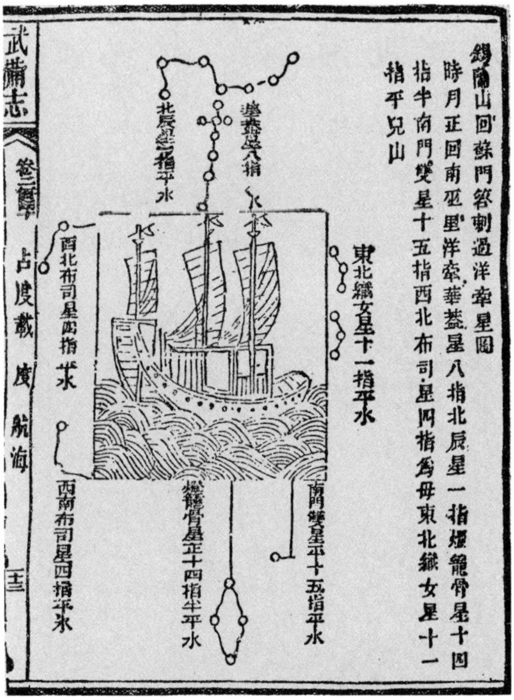

《武备志》中的过洋牵星图

郑和下西洋，在船队规模之大、人员数量之巨、出洋时间之久、航行里程之远、联络友邦之多等方面史无前例，不仅是中国航海史上的壮举，也在世界航海史上留下了不朽篇章。据记载，郑和远航船队有 200 多艘船舶，其中大型宝船 20 余艘，人员多达 27000 余人，千户以上的官员就有近 300 人，在航海技术的先进性和组织配备的严密性上，无与伦比。每次出航时间长达两三年，沿途平息叛乱，剿灭海盗，肃清航路，与所到之国建立睦邻友好关系，运送朝贡使臣，促进经济贸易往来。

郑和大力宣传中国土地辽阔，百物富庶，人口众多，风俗淳美，礼仪详备，大明皇帝英明，臣民称颂，并欢迎各国君臣前往中国观光。为证明所言不虚，明王朝制定了“厚往薄来”的决策，船队每次都要携带大量丝绸、布匹、瓷器、金银等作为赏赐，笼络各国统治者。各国君主来华访问，更是重赏厚赐，以为鼓励。永乐一朝，海外来华使臣络绎不绝，且常有王子、王妃以至国王前来。永乐六年（1408 年）八月，浡泥国（今文莱苏丹）国王麻那惹加那率亲属、近臣 150 余人来中国进行友好访问，受到明成祖盛情款待。后国王不幸染病去世，遗言“体魄托葬中华”，安葬于南京安德门外乌龟山，成为两国友好往来的历史见证。

明版画：西洋国物产

对于朝贡的使者和来华的商人，也给予各项优惠政策，形成一种不计得失的“朝贡贸易”模式。外商货物由政府选购百分之六十，其余可在中国自由交易。于是象牙、犀角、宝石、香料等“各国珍奇异宝无不毕集”，外国的农作物新品种也引进中国。各国商人所需要的丝绸、瓷器、苎布、茶叶、铜器、铁器等产品，也从全国各地涌来，以求善价。

据说郑和远航途中得到了妈祖庇佑，永乐五年（1407 年），明成祖在南京修建天妃宫以供祭祀，敕封“护国庇民妙灵昭应弘仁普济天妃”。妈祖在宋代已成为航海之神，历代帝王不断加赐封号，反映出政府对航海活动的鼓励态度。郑和第三次下西洋归国，明成祖为表彰其丰功，敕建静海寺于南京下关，并用于供奉郑和带回的珍玩。

郑和下西洋的目的，尽管研究者各有说法，如前代有不少史家认为，郑和还有一个秘密使命，即寻找“靖难之役”结束时失踪了的建文帝，但经济贸易方面的因素不容忽略。农业和手工业的复兴，使中国的经济实力日益强大，工商业界拓展海外市场与经济交流的要求日渐强烈，同时生活的富足也使社会上层滋长了追求异域奇珍的欲望。而中国的航海事业此时已十分发达，打开海外通道，进行对外贸易，各方面的条件都已具备。郑和下西洋在一定程度上代表了这种经济发展的要求，因而也得到了沿海商民的欢迎和支持。尽管明代曾实行“片板不准下海”的严厉禁令，但“沿海之人，往往私下诸番，贸易香货”。历史的经验证明，勇于打开国门，促进睦邻友好，加强对外贸易和经济协作，是经济起飞、兴旺发达的重要因素。研究和探索郑和下西洋的精神实质，继承和发扬江海文化传统，对于推动南京地区改革开放有重要借鉴意义。

西方科技文化的输入

明代是中外交往史上的一个转折节点。随着明代前期大规模远航事业的逐渐中止，中国对外经济与文化输出也告一段落。明代后期，当国门再一次打开时，进入中国的西方传教士，带来的已是令中国人耳目一新的先进科技和工业文明。

意大利“科学家传教士”利玛窦来华，被认为是第二次中外文明相融合的起始点。利玛窦在中国传教 30 年，曾三次到南京。万历二十三年（1595 年），他第一次抵达南京，虽然没有得到合法居留的许可，但得以参观全城，留下了美好的印象。3 年以后，他去北京途中再次经过南京，住了十几天。从北京南返时，他经镇江抵达苏州，但他的中国朋友都认为南京的文化氛围更适宜其事业发展，所以他在万历二十七年（1599 年）初又乘船前来南京。

因为听说利玛窦向皇帝贡献了许多珍贵器物，又有中国教徒瞿太素

利玛窦（左）与徐光启

的陪同，南京的官员们也纷纷向他表示友好，热情接待。利玛窦在南京生活了一年多，得以观光祭孔大典的预演，还与大报恩寺名僧雪浪大师有过哲学论辩。他带来的新科学知识开阔了中国知识分子的眼界，焦竑、李贽、徐光启、叶向高等学者名士曾与他进行过平等的交流和探讨。焦竑是当时关注西学的中国学者之一。万历二十五年（1597年），他担任主考官时拔擢的人才徐光启，在南京与利玛窦建立了深厚的友谊，两人后合作将《几何原本》译成中文。徐光启也成为晚明重要的科学家、中西文化交流的先驱者。利玛窦曾绘制出中国历史上第一幅世界地图，在南京，他重新修订并绘制出轮廓鲜明的新舆图，由他的中国朋友翻刻成《山海舆地全图》，流传到全国各地。他在天文历算、数学、地理学等方面的学识渊博，尤其是能够通过实践进行验证，受到中国士大夫的尊重，被誉为“泰西儒士”。这使得人们也愿意相信他的宗教教义。

中西文化交流是双向的。印刷术本是自中国传入西方的，但西方印刷品进入中国后，又引起了中国文化人在艺术和技术上的思考，同样影响到南京的出版业。晚明版画《程氏墨苑》中雕印了四种西洋宗教画，还只是一种简单的移植，但在南京，西洋的绘画技艺却引起了相当的重视。顾起元在《客座赘语》中记述了对利玛窦带来的圣母像“凹凸相”的新奇感，“画以铜板为帧，而涂五采（彩）于上，其貌如生，身与臂手俨然隐起帧上，脸之凹凸处，正视与生人不殊”。利玛窦对此的解释是：“中国画但画阳，不画阴，故看之人面躯正平，无凹凸相。吾国画兼阴与阳写之，故面有高下，而手臂皆轮圆耳。凡人之面，正迎阳，则皆明而白，若侧立，则向明一边者白，其不向明一边者，眼耳鼻口凹处皆有暗相。吾国之写像者解此法，用之，故能使画像与生人亡异也。”顾起元对此是不服气的，他从《建康实录》中找到根据，说南朝张僧繇就曾在一乘寺门上画过“凹凸花”，“古来西域自有此画法，而僧繇已先得之”。而当时旅居南京的画家曾鲸，则创造出了立足于中国画笔墨基础上的“凹凸法”，成为肖像画中开宗立派的人物，但后世普遍认为他受到利玛窦带来的西洋画法的影响。

利玛窦在南京正阳门内崇礼街（今光华门内尚书巷）购置住所，设立了教堂。继任者郭居静和罗如望为徐光启洗礼入教。利玛窦在新街口附近的居宅后被建造成石鼓路天主堂，是南京现存历史最悠久的天主堂。郭、罗二人的继任者王丰肃主持教务时，教徒发展到200多人。因为在明孝陵四方城附近建造教堂，一度引发冲突，万历四十四年（1616年）传教士被驱逐，但天启年间天主教就又恢复在南京传教。清康熙二十四年（1685年），南京产生了天主教历史上第一位由中国人担任的主教罗文藻。鸦片战争之后，由于《中英南京条约》规定中国准许外国人自由传教，天主教在南京的发展更为迅速。

伊斯兰教进入南京要早于天主教。明代初年，南京城里的回族居民增加到近十万人，明太祖朱元璋下诏在繁华商市中心三山街建造净觉寺，这也是南京最大的清真寺。通过“靖难之役”夺取皇位的明成祖朱棣，属下也有一批能攻善战的回族士兵，如航海家郑和。

明代后期，中国的伊斯兰教学者张少山、马真吾等应聘来南京担任净觉寺等清真寺的阿訇，开办经堂教育，此后发起了汉译伊斯兰教经典的学术运动。伊斯兰教士和经师中，多有“博通四教”（儒、释、道、伊斯兰）的学者，他们努力建构中国式的伊斯兰教教义，以期振兴伊斯兰文化，形成中国伊斯兰教学术研究的第一个高潮。明末清初，世居南京的伊斯兰教学者王岱舆在净觉寺撰著《正教真诠》《清真大学》《希真正答》三部论述伊斯兰教教义的著作，“以儒诠经”，提出“真一、数一、体一”的宇宙论和忠于真主与忠君、教亲不相违背的伦理观念。清康熙年间，世居南京的回族鸿儒刘智，潜心研究伊斯兰教经典和儒家经籍、释藏、道藏，有《纂译天方性理》《天方典礼择要解》等17部著作，发展了王岱舆的理论，特别对宗教仪式的意义做出了精致的解释。他又四处寻访资料，为穆罕默德立传，撰成《天方至圣实录》。《天方典礼

刘智墓道旧影

择要解》后被收入《四库全书》，《天方至圣实录》被译成英、法、俄、日等多种文字。刘智去世后安葬于南京中华门外，墓园现为文保单位。

万历四十八年（1619年），南京人朱之蕃中状元，曾奉诏出使朝鲜，堪称中国最早的状元外交官。朱之蕃洁身自好，为官清廉，多才多艺，尤擅书画，因而受到朝鲜官民的敬慕，争相以人参、貂皮等特产换取他的书画。朱之蕃则以所得特产搜求流散在朝鲜的中国古代文物，也成为中外文化交流史上的一段佳话。朱之蕃故居所在地被命名为朱状元巷，状元府第遗址也被定为文保单位。

《海国图志》的深远影响

清代道光年间，第一次鸦片战争以中国失败告终，中、英在南京下关签订的《南京条约》，是中国近代史上第一个不平等条约。

定居南京龙蟠里的湖南人魏源，是力主“经世致用”、革新变法以强国富民的进步思想家。他曾参加浙东抗英战役，并根据审讯英军战俘得到的材料，整理成《英吉利小记》。就在《南京条约》签订之际，他完成了《圣武记》的写作，从总结历史经验的角度，为人们提供反侵略的思想和方法。魏源在《圣武记》中提出“师夷长技以制夷”的主张，成为后来洋务运动的主要思想武器。他所断言的“小变则小革，大变则大革；小革则小治，大革则大治”，至今仍不无借鉴意义。此后，他又写作《夷艘寇海记》（《夷舶入寇记》）及《道光洋艘征抚记》，是中国人所作最早的鸦片战争史，热情歌颂了林则徐、邓廷桢、关天培、葛云飞、陈化成及广大民众的抗英功绩。

林则徐在广州禁烟期间，不遗余力收集外国资料，编译成近9万字

龙蟠里旧影

的《四洲志》书稿。他在被贬戍新疆途经镇江时，将此稿托付给魏源，希望编撰出一部更全面、更详尽的《海国图志》。魏源不负重托，在道光二十二年（1842年）十二月编成《海国图志》50卷，后复披阅十载，几番增补，在咸丰二年（1852年）完成了百卷本《海国图志》，较全面地介绍了世界各国的政治、历史、地理概况，以及大量西方自然科学知识，堪称当时的世界百科全书，为关心时务的知识分子所必读。尤为难得的是，《海国图志》中不但介绍了西方的先进技术，而且介绍了西方民主思想，尤其是美国的政治制度。他说："大道之行，天下为公。公则中外一家，不公则南北瓦裂。"又说："墨利加（今译美利坚）北洲之以部落代君长，其章程可垂奕世而无弊。""公举一大酋总摄之，匪惟不世及，且不四载即受代，一变古今官家之局，而人心翕然，可不谓公乎？议事听讼，选官举贤，皆自下始。众可可之，众否否之，众好好之，众恶恶之。三占从二，舍独徇同。即在下预议之人，亦先由公举，可不谓周乎？"作者对西方民主制度的赞美，和"使东海之民犹西海之民"的希望，堪谓难能可贵。在一个半世纪前的黑暗时代，能有这样的见识与胸怀，完全无愧于他"使中国人睁开眼睛看世界"先行者的历史地位。

《海国图志》对中国的洋务运动、维新变法以至辛亥革命都产生了重要影响。梁启超称魏源为治域外地理的先驱，"中国士大夫之稍有世

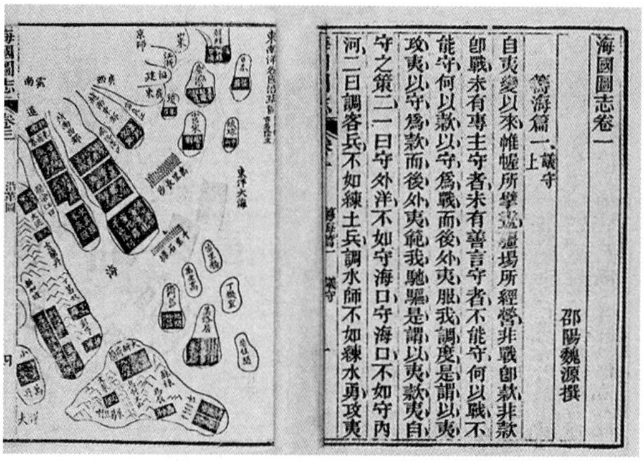

《海国图志》书影

界地理知识，实自昆始”，并认为魏源倡导的“以夷攻夷，以夷款夷，师夷长技以制夷”，“实支配百年来之人心”。不仅如此，《海国图志》对日本的明治维新也起到积极的推动作用。

魏源生活在因“西风东渐”而新潮激荡的南京，有条件接触到西方科技与思想文化，故而能够成为近代变革的先行者，成为南京历史上少数具有世界影响的人物之一。其故居小卷阿位于龙蟠里 20 号、22 号，现被列为文物保护单位。

交通海外的悠久传统，海洋文化因素的融入，使南京人视野开阔，胸怀宽广，成为有利于城市文化发展的重要特色与优势。

文教昌明的人才优势

南京素称“人文荟萃之地”，自六朝建都以来人才辈出，创造了大量举世闻名的文化硕果，留下了众多文化遗迹。能够这样长期保持人才优势，是文教昌明的结果。尤其在六朝、明代和晚清民国这三个时期，尊师重教为文化创造提供了人才基础，而文化与人才的为世所重又激励了全社会读书求学的风气。

南朝建康“四学并建”

六朝时期，从朝廷官学的设立，到民间私学的兴盛，都为人才培养创造了有利条件。官学虽然时被战乱打断，但时局平定即会恢复重建。东吴九卿中，太常为最高文化管理机构，下设太史令掌管图籍和国史著述，有博士祭酒主管全国教育。东晋太常下统太学博士十余人，国子学设祭酒及博士、助教若干人。南朝均以太常卿主管文化教育，下设祭酒、博士、助教等教授生徒。

宋文帝元嘉十五年（438年）立儒学于台城北郊鸡笼山下，请精通儒、佛的隐士雷次宗开馆讲学。第二年又有丹阳尹何尚之立玄学，著作郎何承天立史学，司徒参军谢元立文学，各集门徒讲学。元嘉十九年（442年）下诏建国子学，也就是古代的国立大学，以何尚之为国子祭酒，裴松之、何承天为国子博士，中设儒学、玄学、史学、文学四馆，各按专业招生。“四学并建”是划时代的大事。自先秦以来，文、史、哲都是不分家的，“文学”包括各种学术和典籍。玄学（即哲学）、史学、文学三馆的分立，说明人们已经认识到文、史、哲的不同特性。鸡笼山下四学馆的建立，可说是我国乃至世界最早的分科大学雏形，为隋唐时期的分科教学开了先河。至宋明帝时又增加了阴阳学，类似于现代的自然科学，共为“五部学”。文帝和太子多次到国子学为生徒讲学，主持考试，满意时对师生都有奖励。这一传统也为齐、梁帝王所承续。

梁武帝时，南朝官学臻于顶峰。天监四年（505年）下诏置五经博士各一人，广开学馆，招纳生徒，每馆各有生徒数百，不但名额没有限制，而且打破门阀观念，对生徒出身也不加限制，所收多“寒门俊才”，能通过考试即委派官职。同年又增设“律博士”一人，开设律学专科。天监七年（508 年）兴立国学，次年又下诏强调无论“牛监羊肆，寒门后品”，只要能通一经，就可以选拔入学。大同七年（541 年）又在宫城西建士林馆，以更广泛地延纳学者。同时，朝廷还要求各州郡都能兴学重教。

有感于当时没有一本深入浅出的启蒙读物，梁武帝命文学侍从周兴嗣将从王羲之法书碑拓中挑出的一千个不同的字编缀成文，以便诵习。周兴嗣苦思一夜，编成四字韵语，不仅辞藻华丽，而且内涵丰富，广涉天文、地理、历史、农艺、纲常礼教、修身养性以至饮食起居。这篇《千字文》是我国时代最早的启蒙读物，与宋代编写的《三字经》《百家姓》合称“三、百、千”，成为学童必读的入门教材，并且影响广及日本、朝鲜、越南等国。

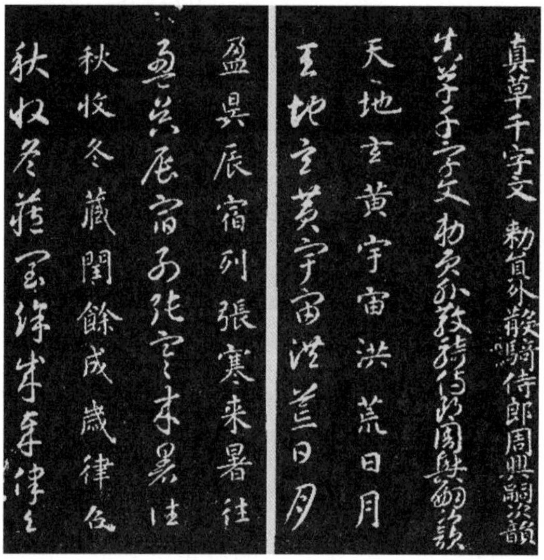

《千字文》书影

六朝频繁更迭，官场动荡无常，使一些知识分子不愿在朝居官，而宁可讲学于乡里，生徒常多达数百人，形成了民间私学。贵胄士族为维持门第不衰，十分重视后代教育，也常开设家馆，延请著名学者教授子弟。这往往使妇女也得到受教育的机会，出现了女诗人谢道韫、鲍令晖、刘令娴等，有些学者文士就是由母亲进行教育启蒙。私学教育家中不乏著名学者，其教学内容也突破了经学教育的一统天下，广涉佛学、道学、玄学、文学、历史、地理、天文、历算、医学、律学以至书法、绘画、音乐等领域。私学的兴盛，是促成六朝思想活跃、文化繁荣的一个重要条件。

明初国子监盛极一时

明太祖朱元璋高度重视学校教育。元至正二十四年（1364 年），朱元璋称吴王，即以兴学校与举农桑为治国之急务：“今天下初定，所急者衣食，所重者教化……明教化者在于兴学校。学校兴，则君子务德；农桑举，则小人务本。如是为治，则不劳而政举焉。”第二年就利用元朝的集庆路学（在今夫子庙）创办国子学，作为培养选拔后备干部的基地。立国之初，明王朝即设官学，置教官，制定学官制度。

洪武十四年（1381 年）夏，因国子学地方狭小，择地鸡笼山南麓另建规模宏大的新国子学。朱元璋认为鸡笼山之名有悖国子学意旨，遂改名鸡鸣山，勉励学生“鸡鸣即起”，勤奋读书。次年三月，国子学易名国子监。五月，国子监和其东侧的文庙同时落成，以符合“左庙右学”的传统规范，并举行了隆重的庆典仪式。

据明代《南雍志》记载，国子监规模很大，北至鸡鸣山麓，南至珍珠桥，东至小校场，西至英灵坊，“灯火相辉，延袤十里”。国子监建筑群坐北朝南，成长方形，大门名集贤门，二门名太学门。内有供教学用的正堂太学敬一堂，待征录（支堂）6 堂，每堂 15 间，共 105 间；彝伦堂，即每月初二、初三、初八、十四、二十一、二十五等日，监生会讲、复讲和考试的场所；奎光书院，有藏书楼一座，供监生们借阅典籍，共 14 间；

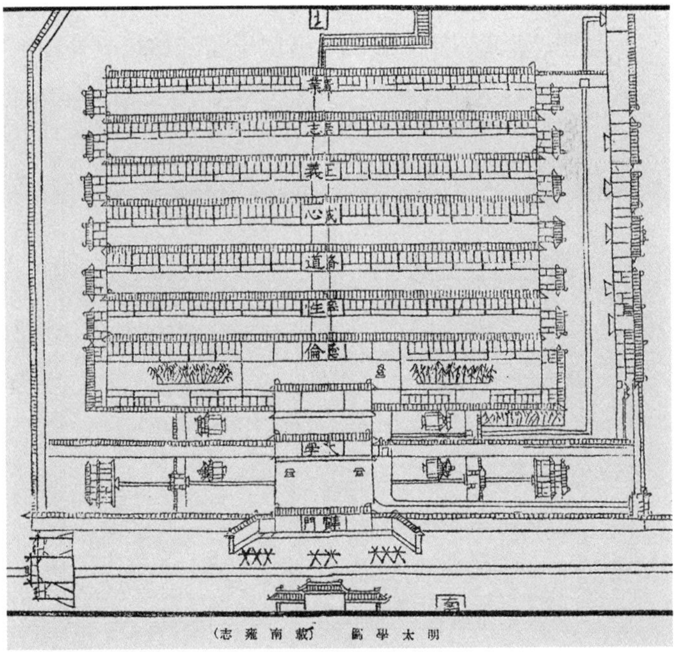

明代太学图

学生住宿的号舍约2000间，供会餐用的馔堂（即食堂）两所；此外，还有射圃、仓库、酱醋房、木磨坊、晒麦场、菜圃和养病房（即疗养所）等建筑。国子监有学官44人，其中正四品祭酒1人，正五品司业1人，正七品博士5人，从八品助教15人，正九品学正10人，从九品学录7人，此外行政庶务人员5人。

国子监的学生通称监生，分官生和民生两种。官生主要是功臣、贵戚子弟及少数民族土司子弟。民生由各地方推举，其中每年由府（州）、县学按规定名额保送入学者，称“岁贡生员”即贡监，有明确的选择标准；年少举人或乡试落第秀才被选入学者，称举监。监生学习课程有《大诰》《大明律》、四书五经及数学、书法、射箭、礼仪，以至政策法令，部分监生学习外语翻译。监生生活费用全部由国家负担，服装统一发放，食宿统一安排。

国子监对少数民族监生照顾有加。考虑到风俗习惯不同，少数民族监生可带家人一名，同样享受监生待遇。皇帝和太子还不时赏赐罗、绢、衣物、被褥以至于巾、绦、靴、袜，在方便生活的同时，也希望有助于他们改变服饰习惯。

此外，洪武三年（1370年）国子监开始接收外国留学生，日本、高丽、琉球、暹罗等国都有留学生入监求学，明王朝同样给予优厚待遇，并允许参加科举考试。高丽国金涛荣登进士，回国后官至宰相。

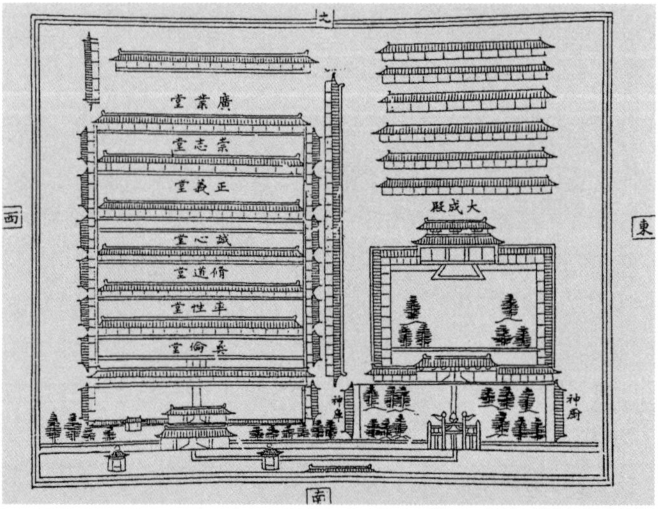

《洪武京城图志》中的明学校图

监生经4年系统学习，还要进行实习，时称“监生历事”，到各衙门熟悉业务，或衔命出使，如巡行州郡、稽查百司案牍、督修水利、丈田定税等。监生毕业后参加科举考试，有一定的录取名额。也有部分监生直接分配到中央六部或地方政府任职。作为国家最高学府，国子监发挥了培育人才、储备人才的重要作用。为满足政府的迫切需求，国子监不断扩招，从最初五六百人，到洪武十七年（1384 年）已达数千人，又在集贤门外增建学生宿舍 500 间。洪武十九年（1386 年）一次即“择监生千人送吏部，除授知府、知县等职”。监生似乎成了谋官任职的捷径，极大地刺激了读书人进入国子监的愿望，永乐年间监生最多时几近万人。

永乐迁都北京后，北京新建国子监称“北监”，南京仍保留国子监，称“南监”，繁盛依然。南京国子监并曾出版多种书籍，因校勘严谨、刻印精良，出版史上称为“南监本”，以“二十一史”最为著名。

与此同时，科举制度逐渐完善。洪武四年（1371 年）开始设科取士，连举三年。洪武十五年（1382 年）后形成制度，会试三年一科，会试及格者再参加皇帝亲自主持的廷试（亦称殿试），中选者为进士，发榜后即可任官。明朝中叶，科举日盛，进士成为仕进主流，国子监生员渐少，且因监生可以纳捐入监，相当于买学历，致使国子监逐渐衰落。

明清时期书院兴盛

国子监之外，南京官方和民间都曾以书院形式培养优秀学生。明嘉靖年间，南京督学御史耿定向在清凉山设崇正书院，自任导师讲学。他让得意门生焦竑担任学长，负责书院日常管理，甚至代为主讲。焦竑在万历十七年（1589 年）得中状元，是明朝立国 200 多年来南京人中的第一个状元，算是“破天荒”。他一生博览群书，著作等身，在理学、史学、金石文字学、考据学、音韵学、文献目录学、哲学、佛学等诸多领域建树丰硕，有《焦氏笔乘》《焦氏类林》《国朝献征录》《国史经籍志》等著作。他的故居所在地被命名为焦状元巷。

清代南京最重要的书院当数钟山书院，院址在今白下路广艺街东、娃娃桥南。雍正元年（1723 年），两江总督查弼纳倡建钟山书院，雍正十一年（1733 年）定为省城书院。乾隆元年（1736 年），两江总督尹继善将《白鹿洞规条》和《分年读书法》勒石立于讲堂，山长杨绳武定规

《钟山书院志》中的钟山书院基址图

约十条，强调立志立品，勤学读书，穷经通史。乾隆四十六年（1781 年），山长钱大昕定书院条约，师长由总督、巡抚、学政延聘，生徒由道员稽查、州县选择、布政使等再加考验，方准入学肄业，选择十分严格。

乾隆年间，钟山书院生徒已达数百人，分内课、外课、附课三类，每月官、师课各一次，逢科举年加师课一次。课程初以科举诗文为主，但乾隆、嘉庆、道光年间主持院事的多为著名学者，自有主张。卢文弨两主院事，历时 10 年。钱大昕掌教 4 年，教以通经读史为先。姚鼐自乾隆五十五年（1790 年）起先后掌教主讲达 20 年之久，嘉庆二十年（1815 年）终老于任上。他以古文义法教生徒，成名弟子甚众，被誉为“姚门四杰”的管同、梅曾亮、方东树、姚莹“各以所得，传授徒友”，亦成名家。其后，朱珔每月立小课以经解诗赋试士，胡培翚倡导实学，唐鉴倡程朱之学，风格各异，然皆成就卓然。道光九年（1829 年），布政使贺长龄筹款新建院中斋舍，出所编《皇朝经世文编》以教士。太平天国战争，钟山书院遭毁，后曾国藩借地重开，光绪七年（1881 年）两江总督刘坤一于旧址重建。同治、光绪年间主讲钟山书院的学者还有李联琇、梁鼎芬、缪荃孙等，清末改为江南高等学堂。

钟山书院内藏书也相当丰富。清高宗南巡时赐钟山书院武英殿本“十三经”“二十二史”各一部。当朝公卿大夫、地方官吏也时有赠书。钟山书院藏书保管与流通皆有章法，历任山长对书院藏书尤多贡献，而书院藏书也成为他们著书立说的便利条件。如校勘学家、藏书家卢文弨，两度任钟山书院山长，他的《钟山札记》就是在主讲钟山书院时校勘群经所成。钱大昕是考据学家、藏书家，他的《廿二史考异》也是利用钟山书院藏书和私人藏书才得以完成。

现代教育得风气之先

晚清洋务运动中，南京是洋务派的重要基地，在兴办新式学堂上也走在前面。光绪十六年（1890 年）为培养海军人才创立江南水师学堂，设驾驶、管轮两科。这所学校最有名的学生是鲁迅先生，他在光绪二十四年（1898 年）考入管轮科就读，后转学去路矿学堂。光绪二十二年（1896 年），原金陵同文馆改为江南储才学堂，以培养实政人才为目的，校址设仪凤门三牌楼，次年开学，后改为江南高等学堂，为南京第一所高等学堂。同年又设立江南陆师学堂，以培养军事将领人才，校址也在三牌楼。

光绪二十七年（1901 年），清廷下令各省督抚学政“切实通筹认真举办大学堂”以推行新式教育，两江总督刘坤一、湖广总督张之洞第一次会奏变法事宜疏，已大致勾勒出小学、中学、大学循序渐进的现代教育雏形，并提出兴办师范学堂，以解决新式教育所遭遇的师资匮乏等问题。

光绪二十八年（1902 年）底，张之洞再署两江总督，时仅四个半月，仍以造就人才为当务之急，筹设三江师范学堂，以培养江苏、安徽、江西三省的中小学教师。校址经张之洞选定在鸡笼山南麓明代国子监旧址，建筑设计参考日本东京帝国大学的蓝图而定，兴建西式教学大楼及办公室、图书室、实验室、师生宿舍，并有宽敞的运动场和教学实习用的农场、画室等。课程设置体现了张之洞“中学为体，西学为用”的教育思想，以培养高、初两级小学堂教员为宗旨。次年十月，正式招生开课。光绪三十二年（1906 年）改名两江师范学堂，以培养中学师资为目标，聘李瑞清任学堂监督（即校长）兼署江宁提学使。不到两年，学校面貌大变，在校生增至 1200 多人，学风整肃严谨，考试成绩名列江南各高等学校之冠。国学大师胡小石、陈中凡，艺术教育家吕凤子、动物学家秉志、冶金学家周仁等皆为学堂培育的英才。国画大师张大千也是李瑞清的学生。

辛亥革命后，两江师范学堂因战事停办。1914 年，经江苏巡按使韩

国立东南大学大门

国钧批准，于学堂原址筹建南京高等师范学校，任命江谦为校长。江谦在六朝松侧修建梅庵，门上悬挂两江师范学堂校训，以纪念李瑞清(号梅庵)办学之功。南高师在其熏陶下奠立了“诚实、俭朴、勤学、勤劳”的学风。1919年后主持校务的郭秉文，深受欧美教育思想影响，曾极力延揽在欧美留学的科学家来校任教，并推行教授治校、学生自治，实行校务会议制度，建立起一套民主与效率兼顾的治校方式，为当时全国高等学校之首创。教务主任陶行知首倡以“教学法”取代传统的“教授法”，讲求教学相长的效果。1921年，南高师正式录取8名女生及50余名女旁听生，成为中国第一所实行男女同校的高等学校，揭开了教育史的新篇章。

南高师后更名东南大学，1928年定名国立中央大学，设文学院、理学院、工学院、农学院和医学院等，成为一所现代综合性大学，无论学校规模还是办学水平，不仅可谓中国最高学府，而且在亚洲位列第一。国内外著名学者如梁启超、杜威、罗素、泰戈尔等都曾应邀来校讲学。学校汇集一流专家学者，中国文学有王伯沆、吴梅、黄侃、胡小石、陈中凡等，历史有柳诒徵，哲学有汤用彤，西洋文学有梅光迪、吴宓等，数学有熊庆来、何鲁等，物理有胡刚复，化学有张子高、孙洪芬等，生物有秉志、胡先骕、钱崇澎等，电机有吴大榕、顾毓琇、陈章等，地理地质有竺可桢，土木工程有茅以升，建筑有刘敦桢、杨廷宝、童寯等，教育心理学有陈鹤琴，艺术有徐悲鸿、陈之佛……以及陶行知、杨杏佛等教育家。

同在晚清，西方传教士也积极投入教育事业。在中西双方推进下，南京的“西学东渐”风潮日盛一日。清光绪十四年(1888年)在干河沿南(今金陵中学校址)创设的汇文书院，后发展为金陵大学。汇文书院首任院长是加拿大汉学家福开森。福开森办学数十年，归国前将个人收藏的文物全部捐赠给金陵大学，其中不乏国宝级的珍品。书院毕业生人才辈出，如与胡适并称“南刘北胡”的刘

金陵女子大学旧影

经展（伯明），曾任东南大学副校长、代校长。曾获美国哥伦比亚大学化学博士学位的陈裕光，1927 年成为金陵大学第一位华人校长，持续 24 年，把金陵大学从一个基督教小型学院发展成国际知名大学。金陵大学学生中仅担任两院院士的就有数十人。

晚清来华的西方女传教士积极宣传新式女子教育、创办女校。1913 年开始筹建金陵女子大学，1915 年秋季开学，是中国第一所女子本科大学。后在清凉山东麓（今南京师范大学校园）购地，聘请美国建筑师墨菲规划设计，建造中国古典宫殿形式的校舍。1919 年，金女大第一届 5 位学生毕业，也是中国第一批在国内取得学士学位的女大学毕业生。其中徐亦蓁在 1927 年成为母校金女大执行委员会主席，吴贻芳也同时被聘任金女大校长。吴贻芳执掌校务 23 年，不但是著名的教育家，而且是成功的社会活动家。金女大生物系毕业生鲁桂珍，抗战期间赴英国剑桥大学霍普金斯实验室攻读营养学博士学位，与世界科技史专家李约瑟结识，相伴半个世纪，携手合作完成了 7 卷 30 余册的《中国科学技术史》，对世界科技史研究做出重大贡献。

现代图书馆与博物馆事业

六朝时期，由于造纸技术的提高，纸张得以普遍应用，使图书有了更适宜的载体，官方藏书与私家藏书数量剧增，成为推动图书目录学进步的重要因素。目录学发展为独立的学科门类，专著多达数十部，对图

江南图书馆藏书楼今景

书分类法的探索日渐深入，并且取得了可观的成果。

晚唐五代，雕版印刷术发明以来，南京因读书风气浓厚，求学人数众多，图书需求量大，迅速成为中国的印刷出版中心之一，产生了众多出版家，出版了大量至今为人珍视的图籍。而图书的普及又便利了社会阅读，且出现了许多著名的藏书家。南京地区图书出版行业的繁盛，也是文教发达的重要标志。2009 年 9 月，以南京金陵刻经处和扬州广陵书社为代表的中国雕版印刷技艺被列入世界人类非物质文化遗产代表名录，也是对南京出版事业辉煌历史的一种肯定。

时值晚清，南京的现代图书馆事业也走在了全国的前列。光绪三十四年（1908 年）经朝廷定名的江南图书馆，宣统二年（1910 年）正式开馆。该馆是我国最早建馆的现代图书馆之一，而由地方最高长官和国内一流学者共同创立，规模和影响在当时都是最大的。民国初年，该馆藏书已超过 10 万册、80 万卷。1913 年改称江苏省立图书馆，后称江苏省立第一图书馆、第四中山大学图书馆、江苏大学图书馆、中央大学国学图书馆等，1929 年定名江苏省国学图书馆。虽馆名多次变易，热心为读者服务的好传统始终未变。缪荃孙、柳诒徵、贺昌群等学者先后主持该馆，为众多学人求学苦读提供了一方难得的天地。国学图书馆编制多种馆藏书目，以便读者查阅，还以盋山精舍的名义自印馆藏秘籍和乡邦文献百余种，使孤本秘籍化身千百，方便利用。馆藏珍本古籍允许读者对勘抄录，鲁迅先生就常到这里借阅古书，并借抄过《谢氏〈后汉书〉补逸》和《湘中怨》《异梦记》《秦梦记》等唐人传奇。馆里还可以代人抄录资料，只收取少量抄费。出入国学图书馆的大师学者，时有蔡元培、胡适、顾颉刚、朱自清、黄宾虹、徐悲鸿等，法国汉学家伯希和也曾到该馆访读旧籍。诸多学者名家如陈庆年、邓嘉缉、陈作霖、徐乃昌、吴昌硕、王伯沆、汤用彤、李小缘、向达、王焕镳、游寿、朱偰、屈万里、徐梵澄、钱钟书等都曾在该馆工作，可谓群星璀璨。

民国年间，国学图书馆的主要负责人柳诒徵，热心奖掖后生。他拟定的《住馆读书规程》，创造性地设立了我国图书馆中独一无二的住馆读书制度。凡“有志研究国学之士”，在该馆住宿条件允许并得到馆长、主任认可，就可以住馆读书，读书不收费，住宿、伙食等收取一定费用，因事外出须请假。这对于研究者提供了极大的方便，先后有郑鹤声、赵万里、谢国桢、吴天石、蔡尚思等学者住馆读书。柳诒徵还常与他们一起探讨问题，解答疑难，使读者得到许多书本以外的知识和指导。非住馆读书的读者也可以交钱在馆中吃饭。唐圭璋先生辑录宋人词，从早到晚泡在馆里，中午交两角钱就可以吃顿午餐。

民国年间，南京的重要文化建设，还有中央图书馆和中央博物院。

1912 年 3 月，南京临时政府教育部就有意筹设中央图书馆，但直到 1928 年 5 月全国教育会议期间方得落实，后定名为国立中央图书馆筹备处，1933 年 1 月 21 日在南京正式成立，蒋复璁任筹备处主任，下分总务、图书两组，最初租用成贤街沙塘园民房办公。教育部原存中文书 47000 册及殿试策卷千余册拨归馆藏，原由中央研究院负责的出版品国际交换局业务亦交馆接办，与世界各国交换书刊。同时，筹备处委托商务印书馆以故宫博物院所藏文渊阁本《四库全书》为底本，选择影印“四库全书珍本初集”231 种 计 1960 册。1936 年初筹备处迁入成贤街 66 号院，同年 9 月 1 日阅览室对外开放。

中央图书馆馆舍

1937年，馆藏书已达18万册，成立了由梁思成等人组成的中央图书馆建筑委员会，择地拟建现代馆舍。然而因日军侵华，筹备处奉命携130箱珍贵古籍西迁重庆。

日军侵占南京后，大肆掠夺中国历史文献，时任汪伪维新政府内政部长的陈群争购得大批珍贵古籍，1941年在颐和路2号修建藏书楼泽存书库。抗日战争胜利后，陈群自杀，遗嘱声明泽存书库藏书40万册全部归还国家。中央图书馆返回南京，在收回旧存部分书籍的同时，接收泽存书库等处图书，并以泽存书库为中央图书馆北城阅览室。

1948年底，馆长蒋复璁等奉命携馆藏珍籍13万册赴台湾。1949年5月，中央图书馆由南京市军事管制委员会接管，改称国立南京图书馆。时馆藏图书达120多万册。1952年，国立南京图书馆与国学图书馆合并，定名南京图书馆，以龙蟠里国学图书馆为特藏部。

经蔡元培等教育文化界人士多次提议，1933年4月国立中央博物院筹备处在南京成立，隶属教育部，这是中国最早的国家博物馆。筹备处初聘傅斯年为主任，下设自然、人文、工艺三馆，萃集国内有关学科的专家学者，并制定计划草案，提出藏品征集方案和陈列计划。同年7月傅斯年辞职，李济接任，公布《国立中央博物院筹备处暂行规定》，明

中央博物院筹备处人员合影

确宗旨是“提倡科学研究，辅助民众教育”，以“系统的调查、采集、保管、陈列，并说明一切自然科学、人文科学及现代工艺之材料与标本”为任务。同时组建中央博物院建筑委员会，聘梁思成为专门委员，选址中山门内半山园，前后征地近200亩，由中英庚款董事会拨付建筑费150余万元。院址设计为仿辽式殿宇建筑，南京近现代仿古建筑中以它的建筑风格最为古老。1936年11月12日，中央博物院第一届理事会理事长蔡元培主持奠基仪式，次年8月完成除大殿屋面及库房外的全部钢筋水泥结构施工，然因日军侵华，不得不暂停施工。

筹备处成立后，原内政部古物陈列所藏品划归院藏，包括三代青铜器、历代书画、陶瓷、丝绣等，复购买闽侯何叙甫绘园古物2000余件。1935年，铁道部顾问斯文·赫定在新疆采集的三箱古物、甘肃出土的新莽权衡等交筹备处。1936年10月，中央研究院动植物研究所赠予大宗动物标本，稍后所属北平历史博物馆亦改属中央博物院筹备处，馆藏各类珍贵文物21万件，“九一八”事变后陆续南运，均存筹备处临时仓库。中央博物院藏品达到世界一流博物馆的规模。筹备处也非常重视与其他学术机构的合作，曾派员参加中央研究院组织的安阳殷墟和山东日照考古发掘，所得文物由筹备处保存。抗战胜利后，中央博物院院舍继续建设。1948年人文馆竣工，但自然、工艺两馆计划未能实现。1950年后改名南京博物院。

名标史册的文化经典

南京钟灵毓秀的山川风物，底蕴丰厚的历史文化，崇文重教的传统，兼收并蓄的精神，襟怀开阔的视野，滋养哺育了无数英才，创造出一项又一项名标青史的文化硕果，给中国以至世界留下了不朽的宝贵遗产。

东晋南朝的文化经典

东晋南朝时期的文化，挣脱了儒学独尊的桎梏，呈现出丰富多彩的繁荣局面。在哲学、史学、文学等方面都有很高的成就，承汉开唐，有着继往开来的重要作用，也留下了多部在文化史上堪称第一的名著。

南朝宋刘义庆编撰《世说新语》（亦名《世说》《世说新书》），是中国第一部志人小说，以简短的篇幅、隽永的文字，记述汉、魏、晋、宋间士人遗闻轶事、言谈风尚，分门别类以寓褒贬，开创了古代小说的一种特殊体裁“世说体”。全书1200多则故事，大致反映了那个时代门阀世族的思想风貌，保存了社会、政治、思想、文学、语言等多方面史料，成为魏晋风流的生动注脚，鲁迅先生称其“差不多就可以看作一部名士的教科书”。刘义庆生活在宋文帝元嘉年间，袭封临川王，曾任尚书左仆射、丹阳尹，书中不少内容与南京有关。南朝梁刘孝标为《世说新语》作注，引录当时传记、谱牒、地志等文献达400多种，辨讹补正，注文与正文两相辉映，进一步确立了此书的经典地

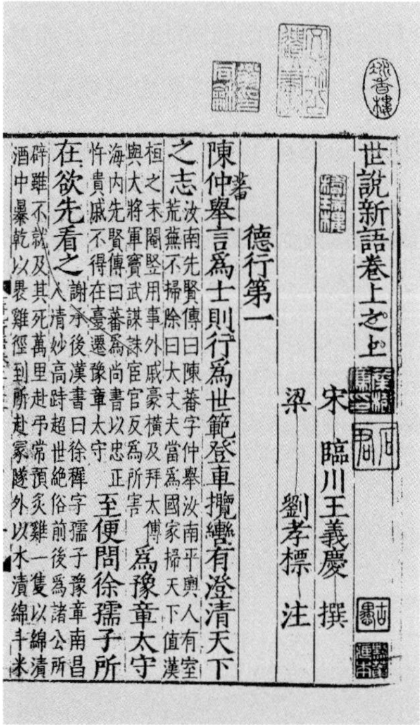
世說新語卷上之上
宋 臨川王義慶 撰
梁 劉孝標 注
德行第一
陳仲舉言爲士則，行爲世範，登車攬轡，有澄清天下之志。汝南先賢傳曰：陳蕃字仲舉，汝南平輿人。有室荒蕪不掃除，曰：大丈夫當爲國家掃天下。值漢桓之末，閹豎用事，外戚豪橫，及拜太傅，與大將軍竇武謀誅宦官，反爲所害。爲豫章太守，海内先賢傳曰：蕃爲尚書，以忠正忤貴戚，不得在臺，遷豫章太守。至，便問徐孺子所在，欲先看之。謝承後漢書曰：徐穉字孺子，豫章南昌人。清妙高跱，超世絶俗。前後爲諸公所辟，雖不就，及其死，萬里赴弔。常預炙雞一隻，以綿漬酒中，暴乾以裹雞，徑到所赴冢隧外，以水漬綿，斗米

《世说新语》书影

位。历代虽续作仿作不断，但终难望其项背。

魏晋以来，辞赋、乐府、诗歌、小说等多种体裁的文学创作都取得了很高的成就，理论研究也随之兴起，至南朝极一时之盛。南朝齐刘勰在钟山定林寺撰著的《文心雕龙》，是中国第一部体大思精的文学理论专著。其结构严谨，论述系统，全面总结了齐、梁以前的美学成果，细致探索和论述了语言文学的审美本质及创造、鉴赏的美学规律，提出了许多独特的见解，而且是以骈文写成，可谓前无古人，后无来者。刘勰出身寒门，才华横溢而无进身之道，永明年间只得协助定林寺高僧僧佑整理佛经，得以潜心阅读寺中丰富的藏书，系统探究各种文学问题。《文心雕龙》完成后得不到士族的称引，刘勰只能守候在身居高位的诗人沈约门前，引起他的注意。在得到沈约赞赏后，此书才引起文化界的重视，广为流布，对后世文学发展产生了重要影响。刘勰也因此进入仕途，后成为梁昭明太子的文学侍从。

同在南朝齐永明年间，出身世族的钟嵘进入建康城中的国子学，毕业后顺利踏入仕途。梁武帝代齐自立，他上书献策，受到赏识。钟嵘晚年完成的《诗品》，是文学史上第一部诗歌理论批评专著，被后人誉为“百代诗话之祖”。《诗品》序言部分勾勒出梁以前历代诗歌传承发展的脉络，品评部分专论当时蓬勃兴盛的五言诗及诗人，按艺术成就高低，分隶上、中、下三品。钟嵘善于概括各家独特的艺术风格，从论赋比兴、论风骨词采、重视诗味、摘引和称道佳句四方面着眼，运用比喻描绘诗人的特色，新鲜贴切。他揭示诗人风格的继承关系，也对后人划分

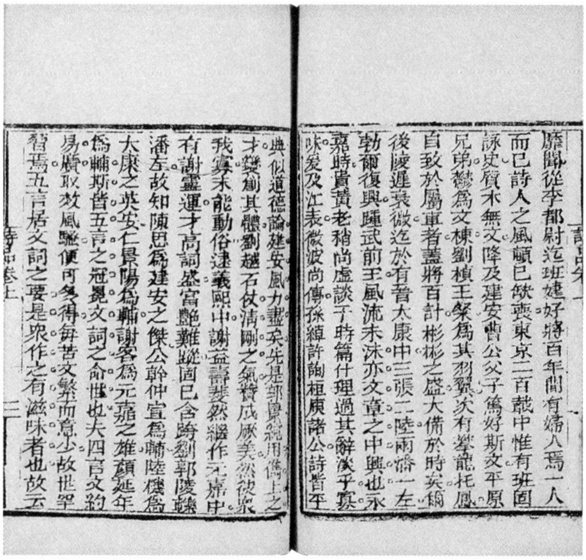
詩品卷上
靡聞從李都尉迄班婕妤將百年間有婦人焉一人
而已詩人之風頓已缺喪東京二百載中惟有班固
詠史質木無文降及建安曹公父子篤好斯文平原
兄弟鬱為文棟劉楨王粲為其羽翼次有攀龍托鳳
自致於屬車者蓋將百計彬彬之盛大備於時矣爾
後陵遲衰微迄於有晉太康中三張二陸兩潘一左
勃爾復興踵武前王風流未沫亦文章之中興也永
嘉時貴黃老稍尚虛談于時篇什理過其辭淡乎寡
味爰及江表微波尚傳孫綽許詢桓庾諸公詩皆平
典似道德論建安風力盡矣先是郭景純用儁上之
才變創其體劉越石仗清剛之氣贊成厥美然彼衆
我寡未能動俗逮義熙中謝益壽斐然繼作元嘉中
有謝靈運才高詞盛富豔難蹤固已含跨劉郭陵轢
潘左故知陳思為建安之傑公幹仲宣為輔陸機為
太康之英安仁景陽為輔謝客為元嘉之雄顏延年
為輔斯皆五言之冠冕文詞之命世也夫四言文約
易廣取效風騷便可多得每苦文繁而意少故世罕
習焉五言居文詞之要是衆作之有滋味者也故云
詩品卷上　三

《诗品》书影

诗歌流派提供了启示和线索。《诗品》在观点、方法、词句形式上，都对后世诗论有相当影响。入选的东晋以后诗人大多在建康生活过，而钟嵘与其中多位曾共同切磋诗艺。《诗品》与《文心雕龙》，并称中国文学批评史上的“双璧”。

南朝梁太学博士顾野王所撰《玉篇》，是《说文解字》和《字林》之后一部承前启后的重要文字学著作。全书30卷，所分部首542部，与《说文解字》相较有增有减，总数多出两部；收字比《字林》增加4000多，达16000余字。《玉篇》的宗旨是综合众书，辨别汉字形体意义的异同，网罗训释，以成一家之言。全书按照义类相近排序，每字下不仅注明字义，而且举出见于古籍的例证和前人的注解，先经、传，后子、史、文集，最后是字书、训诂书，极为详备，字有异体也分别注明。只是经过后人的增删修编，现传本与原本体例已有相当变异。

六朝承续春秋战国，成为中国文化史上第二个百花齐放时期。千年上下林林总总的文学作品，令读者目不暇接。披沙淘金、汰劣存优，编选佳作选集的任务，就被提到了南朝士人的面前。梁昭明太子萧统自小接受最好的皇家教育，东宫中收藏大量图书典籍，身边聚集着当时最优秀的文人学者，故而他主持编选的《文选》（又称《昭明文选》），能够代表同期文学选本的最高水准，也是中国现存最早的一部诗文总集。编者有明确的审美理念，所选130位作者的700余篇诗文，至今仍不失为经典佳作，不但反映了各种文体发展的轮廓，也为后人研究六朝以前的文学史保存了重要资料。《文选》以“文学为本”的选录标准，为文学划定了范畴，促进了文学的独立发展，在文学史上占有重要的地位。隋

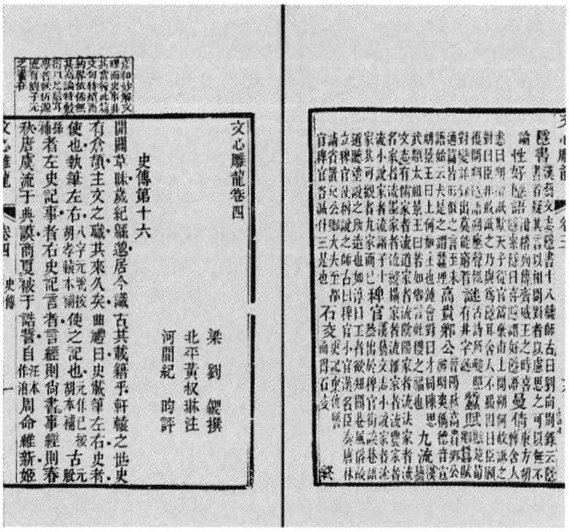
文心雕龍卷四
史傳第十六
梁 劉 勰 撰
北平 黃叔琳 注
河間 紀 昀 評

《文选》书影

唐以诗赋取士，承六朝文学遗风，《文选》成为学习诗赋最适用的范本，甚至被与经、传并列。自唐朝李善为《文选》作注，研究《文选》渐成一门专门学问，世称“选学”。《文选》不仅在中国传诵不衰，而且对日本古典文学产生了深刻影响。萧统也被视为善于读书的象征，江南各地有多处“昭明太子读书台”流传。

南朝梁末年，曾任东宫学士的徐陵所编《玉台新咏》，是继《诗经》《楚辞》之后的一部诗歌总集，也是第一部重点选录男女闺情之作的诗歌集。当时徐摛、徐陵父子与萧纲、庾信等创制宫体诗，太子萧纲命徐陵选编《玉台新咏》，收东周至南朝梁代诗歌700余篇，主要反映女性生活，表现女性情思，描绘女性柔美，吐露女性心声，同时也表现了男性对女性的欣赏和爱慕，刻画了男女之间的爱恋与相思。在展示古代女子丰富的感情世界同时，也揭示出其深刻的社会背景和文化内涵，在文学史和美学史上的价值非同寻常。

《永乐大典》与明代出版事业

南京在中国文化史上的重要地位自六朝奠定，由唐宋而明清，“天下文枢”，代有建树。

明代是南京的第二个文化高峰期，同样产生了一批举世瞩目的文化经典。

明朝永乐年间编纂的《永乐大典》，是中国历史上规模最大的一部类书，共计22000余卷、目录60卷，分装成11095册。全书约3.7亿字，尚有大量白描插图，山川、名物、人物、城郭等形态逼真，十分精致。《永乐大典》保存了14世纪以前中国历史地理、文学艺术、哲学宗教等百科文献。它比法国狄德罗编纂的百科全书和英国的《大英百科全书》都要早300多年。《不列颠百科全书》称《永乐大典》为“世界有史以来最大的百科全书”，堪称世界文化遗产之大珍。

明太祖朱元璋曾有意编撰一部适宜帝王阅读的书，但未能实行。明成祖朱棣登基，即不惜代价编纂《永乐大典》，以表示继承父亲的遗愿。永乐元年（1403年），朱棣命翰林侍读学士解缙编纂大型类书，要求采撷书契以来的“经史子集百家之书”，“不厌浩繁”，分类编排，便于检索。解缙召集学者百余人，仿照《韵府群玉》和《回溪史韵》二书体例，历时一年半，编成“文献大成”。朱棣认为仍不够完备，下令重修，命太子少师姚广孝、刑部侍郎刘季篪和解缙为总裁，学士王景等 28 人为副总裁，挑选中外官员及四方学者充任纂修，仅负责抄写者就多达 3000 人。因为采选的书籍众多，参与的朝臣文士、宿学老儒前后达到 20000 多人。

纂修人员在利用文渊阁大量皇家藏书的同时，派人分赴各地采购图书，并享受朝廷提供的优裕生活条件，集中居住在离文渊阁不远的崇里坊等地，由光禄寺早晚供给酒肴、茗果，还发给膏火费，参与编修的官员可以免除早朝。有人形容当时的盛况，“天下文艺之英，济济乎咸集于京师”。据粗略统计，《永乐大典》采择和保存的古代经、史、子、集、释藏、道经、戏剧、平话、工技、农艺等各类典籍有七八千种之多，数量是前代《艺文类聚》《太平御览》《册府元龟》等类书的五六倍，此后清代编纂的大型丛书《四库全书》，收书也不过 3000 多种。全书依《洪武正韵》韵目，“用韵以统字，用字以系事”，将所辑图书整部、整篇或整段分别编入，一字不易。永乐六年（1408 年）冬，这部大书终于编成，朱棣赐名《永乐大典》，以此显示自己的文治和武功一样伟大。最初一部成书就收藏于南京文渊阁东阁。

《永乐大典》的编纂与北征瓦剌、派郑和六下西洋及削藩设阁等事迹，不仅使中国先进的文化科技名扬天下，也让明成祖成为中国历史上最有作为的皇帝之一。

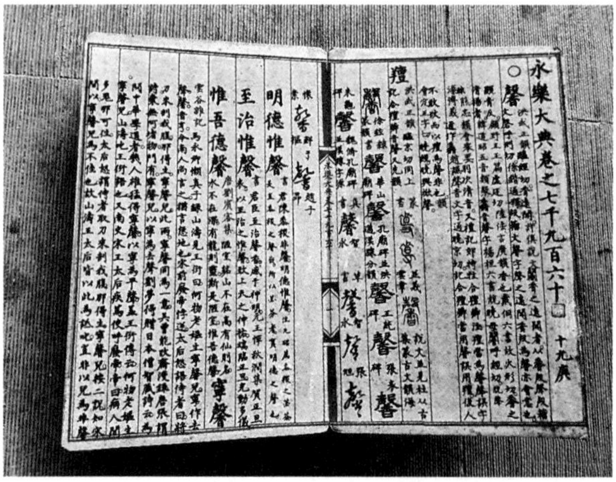

《永乐大典》书影

《永乐大典》所采录著作以宋、元时期为多，明正统六年（1441 年）编辑《文渊阁书目》时，所存已只剩十之三四，到清代只有十之一二还在流传。许多宋、元著作正是藉《永乐大典》得以保存。清代乾隆年间在编纂《四库全书》同时，曾从《永乐大典》中辑出经、史、子、集四部书共385种、近5000卷，许多失传的重要典籍都通过这次辑佚恢复了原貌。嘉庆年间，徐松又辑出《宋会要》500卷，另《宋中兴礼书》《续中兴礼书》《元河南志》等都是超过100卷的大书。以后，文廷式、缪荃孙、董康等学者都曾从中辑录出重要佚著。不幸的是，《永乐大典》几经劫难，最后在八国联军之乱中毁损殆尽，仅余400册，不足800卷，散存于世界各国数十家图书馆。民国年间，赵万里等人利用劫后幸存的《永乐大典》残卷，兼从各种载籍中搜求逸佚，尚辑出史部、子部、集部等佚著达213种。由此可见《永乐大典》在保存史籍上的重要意义。

万历四十六年（1618年），定居南京的茅元仪秉承家学，以祖传近万卷藏书为基础，兼之搜讨转借，广收博采，着手编撰《武备志》。天启元年（1621年）在南京刊成。全书240卷，约200万字，汇集了古代2000余种兵学著作，有多部鲜为人知的秘本，分类辑录，自成系统，配图700余幅，堪称中国古代内容最丰富、规模最庞大的综合性军事著作，涵盖了传统兵学的各个方面，被学者誉为中国古代“军事学的百科全书”。《武备志》中保存的《郑和航海图》，详载郑和船队历经诸国的名称、位置和航道情况，是研究郑和下西洋的关键史料。

南京自宋代即成为重要的图书集散中心，明代更与杭州、建阳并称全国三大出版中心，可考的书坊达150余家，出版图书品种、数量远超杭州与建阳。尤其是万历以降，金陵派雕版技艺臻于高峰，雕版印刷质量在全国名列前茅。中国文化史上的许多重要经典，都是在南京刊刻成书。

李时珍以毕生精力凝聚而成的药学瑰宝《本草纲目》，完稿之后无处出版，几经周折，最后得到南京书商支持，在万历二十一年（1593年）完成雕版，三年后成书面世。《本草纲目》被学界誉为本草书中的登峰造极之作，不仅在中国影响深远，

《本草纲目》书影

对世界自然科学也有重大贡献，2010 年入选“世界记忆名录”，而入选版本就是万历二十一年金陵首版。中国四大古典小说名著之一的《西游记》，明代话本小说经典“三言”中的《警世通言》，也都是在南京初版问世的。

清代南京与经典名著

乾隆十四年（1749 年）前后，定居南京的吴敬梓完成了长篇小说《儒林外史》的创作。这是中国古典讽刺文学的奠基之作，也是巅峰之作，甫一问世，即被转抄流传，后多次雕版印行，现存最早刊本是嘉庆八年（1803 年）卧闲草堂本。这部批判现实主义的杰作经研究者一再批点品评，且被翻译成英、法、德、俄、日等多种语言，已成为世界名著。

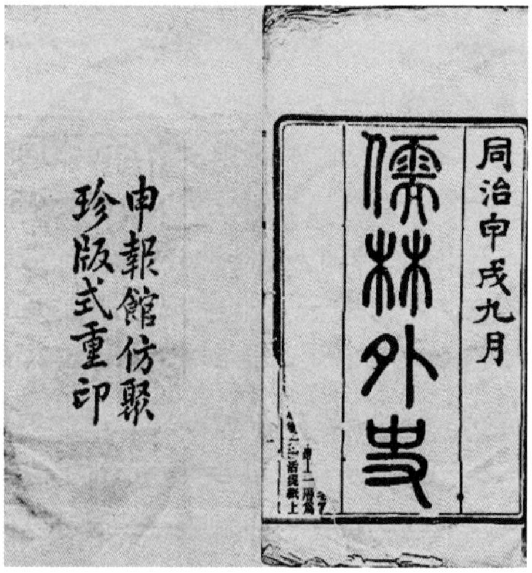

《儒林外史》书影

吴敬梓 18 岁中秀才，几次在江南贡院应乡试落第，决意放弃仕途。雍正十一年（1733 年）移居南京后，他结识了诸多文人墨客，亲身经历，耳闻目睹，使他对科举制度的弊端有深刻认识。《儒林外史》以生动形象的人物，洗练犀利的语言，揭露封建道德的虚伪，批判科举制度的黑暗，入木三分，常令读者忍俊不禁。尤其是书中主要以南京为环境背景，山川名胜，风俗人情，市井百态，信手拈来，俯拾皆是，堪称乾隆时期南京的“清明上河图”。吴敬梓故居在夫子庙秦淮水亭，去世后葬于南京清凉山麓（一说凤台门附近）。

另一部诞生于乾隆年间的古典文学瑰宝《红楼梦》（又名《石头记》《金陵十二钗》），同样以南京为背景，与南京云锦有着千丝万缕的联系。从康熙二年（1662 年）开始，曹玺、曹寅、曹颙、曹𫖯三代四人任江宁织造长达 65 年，占了清代江宁织造历史的四分之一。尤其是曹寅在任期间，苏州织造李煦是他的内兄，杭州织造孙文成是他母亲的亲属，成为以曹寅为中心的“三处一体”，可以说是《红楼梦》中“护官符”四大家族的现实依据。曹寅不但管经济，而且管文化，成为皇帝笼络江南文化人的重要代表。前朝遗老、名门望族、江南士子，都是曹家的座上宾。江宁织造署西园的楝亭，一时成为江南的文化活动中心。

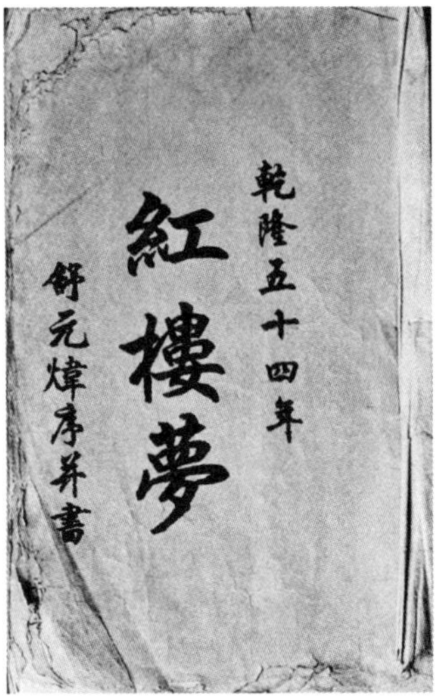

《红楼梦》书影

《红楼梦》著者曹雪芹，即是曹颙的遗腹子，出生于江宁织造署内，并在此度过了“锦衣纨绔之时，饫甘餍肥之日”的童年和少年时代。书中的大观园，明显留下了南京随园和织造署西园的痕迹。《红楼梦》中的重要人物多有一身云锦行头。只黛玉出场一节，凤姐穿的缕金百蝶穿花大红洋缎窄袄，宝玉穿的二色金百蝶穿花大红箭袖，都是云锦所制。书中描写贾府的室内装饰、朝廷赏赐、民间礼品，亦多用云锦。一些重要情节以云锦为要素，如《勇晴雯病补孔雀裘》一回，晴雯所补的“孔雀裘”便是典型的云锦制品。这当然是作者自小生活于云锦环境中，耳濡目染所致。简而言之，没有南京云锦就没有江宁织造曹家，也就不会有曹雪芹这样伟大的作家。南京云锦对中国文化的影响，远不止于技术和艺术、纺织和服饰。

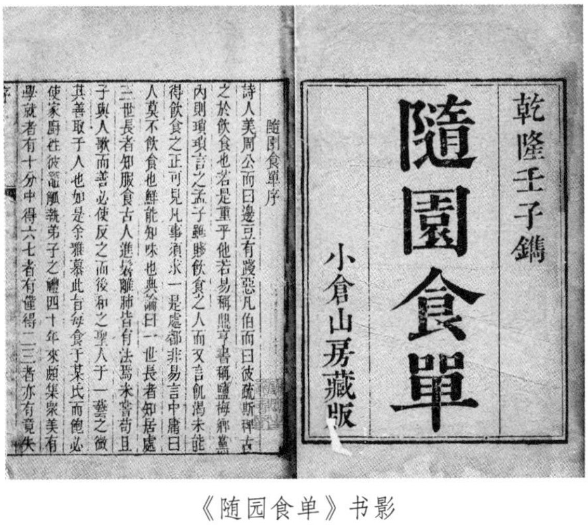

《随园食单》书影

《红楼梦》思想深刻，内容丰富，语言优雅，艺术精湛，是中国文学史上的巅峰之作。曹雪芹也成为与莎士比亚、托尔斯泰、歌德、巴尔扎克等齐名的世界文豪。

成为大观园主要原型的随园，是乾隆年间诗人袁枚在曹家小仓山旧园基础上所建。袁枚在此生活 50 余年，创作诗歌六七千首，与赵翼、蒋士铨并称“乾隆三大家”，其著作有《小仓山房诗文集》《随园诗话》《子不语》等十余种。刊行于乾隆五十七年（1792 年）的《随园食单》，是清代系统论述烹饪技术和南北菜点的重要著作，也是南京开风气之先的食谱之作。书中所记载的食谱，被称为随园菜，与北京谭家菜、山东孔府菜并列为我国著名三大官府菜。

五四新文化群星璀璨

近现代西风东渐，与传统文化碰撞激荡，使南京又一次达到文化兴盛的高峰。

20 世纪初，新文化、新文学渐成为时代主流。在洋务运动中得风气之先的南京，吸引了一大批追求新学的青年知识分子。其中著名者，首推鲁迅与周作人兄弟，南京可以说是他们接受新教育、新文化的起点，也是他们留学日本、走向世界的起点。鲁迅曾经领着绍兴的中学生到南京来参观南洋劝业会，可见他对这古都新气象的重视。像这样不同程度受到南京文化滋养的文化名人，可以排出一个长长的名单：陈独秀、柳诒徵、赵声、吴梅、胡小石、陈中凡、陶行知、陈鹤琴、吴贻芳、吕彦直、张恨水、刘敦桢、张闻天、童雋、杨廷宝、唐圭璋、胡风、巴金、卢前、朱偰、曾昭燏、余光中、白先勇、高行健……

此外，还有一位与南京有着不解之缘的美国作家赛珍珠。她在南京完成的长篇小说《大地》，1932 年荣获普利策奖，1938 年又荣获诺贝尔文学奖。赛珍珠曾说自己“以同情心和感情来说，是个中国人”，而《大地》则是一部最早直接、全面叙写中国农村与农民生活的小说。

赛珍珠 1919 年 9 月和丈夫卜凯来到南京，受聘于金陵大学，卜凯任教于农学院，赛珍珠任教于外文系。夫妇俩在校园内的一座西式小楼里前后生活了 10 多年，赛珍珠写出了一系列以中国为背景的小说，包括《大地》。这幢位于南京大学鼓楼校区西南角的小楼，现已建成赛珍珠纪念馆。

另一位在南京留下深刻印记的美国人是建筑师墨菲。1928 年 12 月，他受聘担任南京城市总体规划——《首都计划》编制工作的顾问，并且成为实际上的主导人物。他根据自己在中国从事规划工作多年的实践，借鉴欧美大都市规划的经验，提出以“欧美科学之原则”和“吾国美术之优点”作为规划指导方针，宏规上采用欧美模式，微观上采用中国传统形式，是具有开创意义的设想。

1929 年底《首都计划》由国民政府正式公布，此后南京兴起了近 10 年的营造高潮，成为城市建设的“黄金十年”。虽然由于多方面的影响，特别是 1937 年日军侵占南京，规划未能全部实施，但现代南京的城市格局、功能分区、道路系统及一批公共建筑等，都是由这一规划奠定的。《首都计划》的价值，不仅在于它对南京城市建设实践的引领，更在于它在规划理念和方法上开了先河，对中国现代城市规划的发展，具有重要的促进作用。规划专家认为，时至今日，重温《首都计划》仍然有其现实意义。

在城市建设的同时，南京的文化建设也有突出的成绩。正中书局 1935 年出版的《首都志》，是中国历史上唯一以“首都”命名的志书。1934 年，国民党元老叶楚伧鉴于南京作为民国首都多年，尚没有一部专志，不能满足中外人士了解南京的需要，与国学图书馆馆长柳诒徵相商编纂《首都志》，由王焕镳主编辑事。王焕镳不负重托，6 个月完成书稿，计 16 卷 24 目，共 50 多万字，并附图 1 册。依据古今南京文献，汇历史变迁、城市现状于一集，且在编纂体例上多有突破旧志之处，体现了鲜明的时代特色，也为现代城市志书编纂提供了先例。

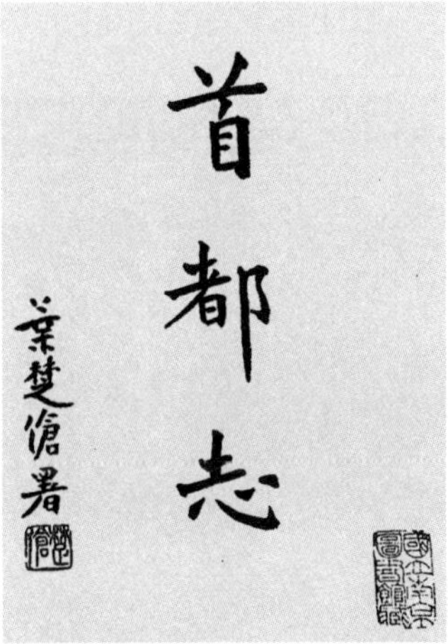

《首都志》书影

领异标新的艺术精华

在中国艺术史上，南京同样具有不容忽略的历史地位，在书法绘画、音乐戏曲及相关理论研究诸方面，都有开创性的重要成就。

“书圣”、“画绝”立标准

打开中国书画史，魏晋南北朝时期的重要书画家，主要活动于南京的大约占到三分之二。

东吴书法家皇象，被东晋葛洪尊为“书圣”，尤善章草。孙皓天玺年间，传说天降符瑞，因命华覈撰文纪功，皇象书写勒碑，史称《天发神谶碑》（一名《吴天玺纪功碑》）。碑文参合篆、隶结构，气势雄浑，笔力刚劲，开张舒展，在字体上是一种突破。

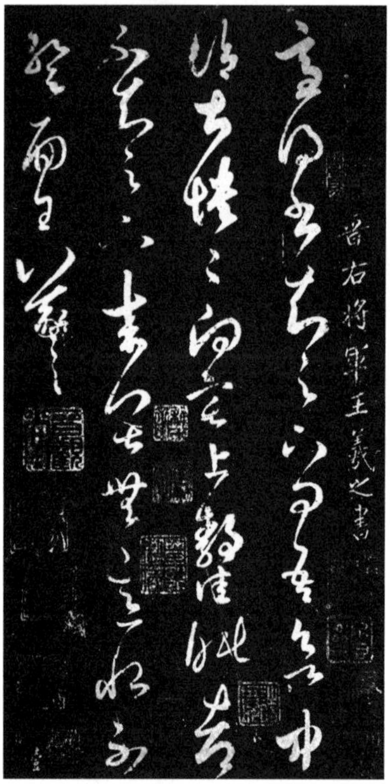

王羲之书法：适得书帖

同在东吴，画家曹不兴也在南京脱颖而出，与皇象的书法、严武的棋艺、刘敦的天文等并称“八绝”。赤乌十年（247 年），康僧会来建业，以佛像吸引信众，宣传佛教经义。孙权为康僧会造建初寺，曹不兴也开始摹写“西国佛画”，因他画人物形态匀称，且擅作巨像，被誉为“佛画之祖”。他所创“白画”，成为后世卫协、吴道子白描画法的先驱。

东晋书法更是大放异彩。王羲之、王献之父子创造了中国书法史上无与伦比的高峰。王羲之早年从卫夫人学书，后改变初学，草书学张芝，正书学钟繇，博采众长，一变汉魏以来质朴书风，独创笔法精致的新体，“飘若浮云，矫若惊龙”，尤以正书、行书为古今之冠，被后世奉为“书圣”。王羲之妻郗氏也有书名。他们的儿子涣之、徽之、操之、献之都有法书传世，而献之尤佳，与父亲合称“二王”。王羲之的叔辈王导、王敦、王廙，堂弟王洽等亦善书，王洽之子王珣书名尤高，清高宗得其《伯远帖》，遂与王羲之《快雪时晴帖》、王献之《中秋帖》一并珍藏，称收藏处为三希堂。王氏一脉直至南朝，尚有王昙首、王僧虔、王慈、王志等绵延不绝。“王家书法谢家诗”成为六朝文学艺术的标志。正是“二王”为代表的东晋书法，以充分的艺术自觉，将中国书法提升为一门真正的艺术。

东晋南朝佛教兴盛，寺院壁画也风行一时，许多艺术家借此展示自己的才华。东晋顾恺之兼擅书画，精于人物，主张“以形写神”“迁想妙得”，尤重视点睛。兴宁二年（364年），他在建康瓦官寺壁绘维摩诘像，光彩夺目，轰动一时，很快就为寺院募得100万钱。其笔下线条绵密细致，悠缓自然，后世称为“春蚕吐丝描”，时有“才绝、画绝、痴绝”之称。后世将顾恺之与南朝宋陆探微、南朝梁张僧繇并称“六朝三大家”，也有人再加上唐代吴道子合称“画家四祖”。陆探微画学顾恺之，着力表现人物眉眼神态，塑造“动与神会”的秀骨清相，还创行线条连绵不断的一笔画。张僧繇变顾、陆的密体为疏体，开创写意画风，又用色彩绘染山水，不施勾勒，形成独特的没骨画法。他还吸收天竺画技，大同二年（537年）在建康一乘寺门画出有立体感的花卉，时称“凹凸画”。另一位值得重视的画家是梁元帝萧绎，他完成于建康的《职贡图》，是现存职贡图中时代最早的一种。描绘来到建康的各国使臣形象，原作可能多达30余国，现存宋人所摹残本仅滑国、波斯、百济、龟兹、倭国等12国使臣，各穿其民族服装，面貌、气质不同，神态生动，相当于南朝外交史的一种缩影。画面上并有题记说明该国方位、山川道里、风土人情以及与梁的关系、历来朝贡情况等，可补《梁书·诸夷传》。

中国的人物画，正是在六朝趋于成熟。

东晋南朝书画艺术的成就，成为艺术理论发展的坚实基础。而艺术理论又指引了书画创作实践的提升，形成一种比翼齐飞的局面。

顾恺之的画论著作，现存《魏晋名臣画赞》（一作《魏晋胜流画赞》）《论画》《画云台山记》3篇。他在《魏晋名臣画赞》提出的评画标准，

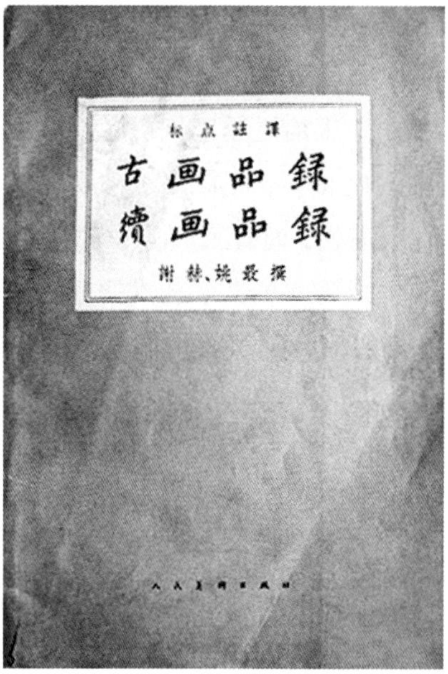

《画品》书影

为南朝齐谢赫的“六法论”打下了基础。他在《画论》中所讲的传移模写技法，也为谢赫所采用。南朝宋画家宗炳的《画山水序》和王微的《叙画》都是早期的山水画论，在绘画史上有填补空白之功。

谢赫是技法精妙的肖像画家，其所著《古画品录》（一名《画品》），第一次系统地为三国以来 27 位画家评定品级，指出其特点和不足之处，开创之功甚伟。更重要的是，他从对古今绘画创作的观察与思考中，提炼出中国绘画理论“六法论”，即以气韵生动、骨法用笔、应物象形、随类赋彩、经营位置、传移模写六法作为衡量绘画高低优劣的标准，对书画创作具有极为重要的理论指导意义。《古画品录》成为后世绘画创作和批评的准则，对绘画艺术的发展和提高具有深远影响，与《文心雕龙》一样，都是具有划时代意义的里程碑。

南朝梁武帝萧衍爱重文艺，富于收藏，也喜欢与臣下讨论书画鉴赏问题。当时萧子云、沈约等都有书名。精于书法的庾肩吾著《书品论》，将善草书、隶书（实指正书）的书家 128 人分为三品九级，加以品评，开创了书法评论的新例。袁昂奉诏著《古今书评》，对李斯以来历代书家 25 人分别品评，而以王羲之父子为首，并不附和梁武帝推重钟繇、张芝的观点。梁武帝与陶弘景谈论书法的往来书信九篇，被后人汇编为《论书启》，其中陶弘景五篇，梁武帝批答四篇。陶弘景精于书画鉴赏，书法学钟繇、王羲之。他也主张“妍胜于质”，即王羲之高于钟繇，但指出王羲之成就最高的时期是永和年间在会稽的十余年。

南唐画院与江南山水画派

五代十国时期，南唐社会相对安定，经济繁荣，书画艺术上承唐代余脉，下启宋代新风，前代佳作的官府鉴藏亦盛于江南。南唐三主皆爱好书画，中主李璟保大年间设立翰林图画院，给入院画家以优厚待遇，吸引南北名家为皇室服务，曹仲玄、周文矩、顾闳中、王齐翰、高太冲、董源、巨然、徐熙、赵干、卫贤等云集于金陵。作为一种艺术组织和管理体制的南唐画院，也为此后历代王朝所承续。

后主李煜多才艺，于书法、绘画、音乐、诗文、佛教诸方面都有贡献，尤其在词学上的造诣非同凡响，被后世奉为“词皇”、“百代词人之祖”。王国维曾断言：“词至李后主而眼界始大，感慨遂深，遂变伶工之词而为士大夫之词。”李煜书学二王，笔势遒劲如寒松霜竹，人称“金错刀”，又能卷帛作大字，称“撮襟书”。他命徐铉将内府珍藏法书汇刻为《昇元帖》，时代早于宋《淳化阁帖》，被誉为“法帖之祖”。徐铉精于文字学，书法好李斯小篆，亦工隶书。

南唐人物画中，宗教神话题材淡化，历史题材与文人仕女生活内容成为主流。画家多注重人物神态与心理的描绘，传神写照能力比六朝有明显提高，技法风格、赋彩色调都较前代丰富。周文矩在先主李昪昇元年间已为宫廷作画，后主李煜时任画院翰林待诏，所作《重屏会棋图》，于画面中设置画屏，屏中有画，画中有屏，别有新意。周文矩曾与顾闳中同奉后主之命潜入韩熙载府第察看其夜生活情景，作图呈后主。现存《韩熙载夜宴图》为顾闳中所作。王齐翰人物画能在曹不兴、吴道子之外自成一家，有《勘书图》（一名《挑耳图》）传世。

南唐花鸟画以徐熙为代表，多简率野逸之趣，以形态变化辅以色彩造型，成为一种新面貌。

《韩熙载夜宴图》局部

山水画在五代出现关键性变化。山水不再是其他绘画题材的附属，而作为世人生活的自然环境，成为画面主体。以南唐画家董源、巨然为代表的江南山水画派，善于表现平淡天真的风景，草木丰盈，峰峦出没，风雨晦暗，各有生意。画家自觉追求“有笔有墨”，水墨及水墨淡着色山水画至此已呈成熟。董源、巨然后得宋代米芾推崇，又得元代赵孟頫提倡，明代沈周、文徵明亦从董源、巨然汲取营养，至清初“四王”竟已奉董源、巨然为画坛的孔丘、颜回。江南山水画派也因此得以一脉相承，并不断发展提高。

清初山水画家龚贤，主要师法董源、巨然及米芾父子、吴镇、沈周等，但他不一味追慕古人，而是注重写生，主张从自然出发进行创作。他以明遗民的身份隐居南京，作品大多取材于南京一带自然景观，湖光山色，丰饶明丽。他概括山水画技法为笔法、墨气、丘壑、气韵四方面，尤强调丘壑的奇而安，达到实境与幻境的统一。同在南京而为龚贤所推重的画家，有程正揆和髡残。程正揆曾迁居青溪，自号青溪道人，画得董其昌指导，承元四家传统。髡残出家为僧，晚年定居祖堂山幽栖寺，号石溪，师法巨然、米芾、元四家等，能得其神韵。龚贤将他俩并称“二溪”，认为金陵画家中的逸品首推“二溪”。程正揆对龚贤的画也有高度评价，

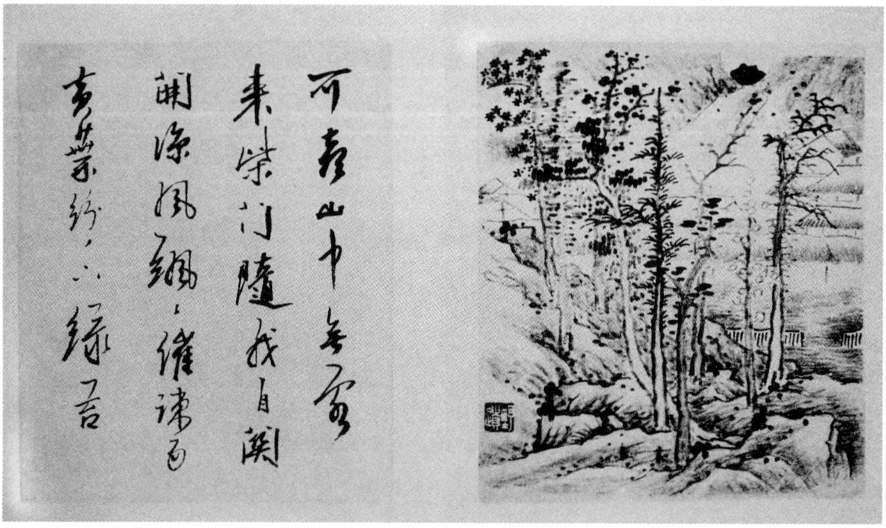

龚贤书画

认为他能兼通宋人之减和元人之繁。与龚贤同时活跃于南京画坛的樊圻、高岑、邹喆、吴宏、叶欣、胡慥、谢荪等遗民画家，隐居山林，以书画相酬唱，史称金陵八家、金陵画派，而龚贤为八家之首，其成就也最大。

芥子园与十竹斋

龚贤的学生王概，画风亦似龚贤，雄放苍健，气势过人。其兄王蓍、弟王臬也都能画。王概在绘画史上的最大贡献，是为李渔芥子园编绘《芥子园画谱》（亦称《芥子园画传》）。李渔的女婿沈心友藏有明末画家李流芳课徒山水画稿 43 页，请王概整理并增编。王概费时 3 年，增编至 133 页，对山水画各种技法做了条分缕析的介绍，又临摹古人山水画 40 幅，作为初学范本，且附有深入浅出的简要说明。李渔为此书作序，称其为“不可磨灭之奇书”，在清康熙十八年（1679 年）以雕版套色彩印出版，这就是《芥子园画谱》第一集。

不久，沈心友又请画家诸升编画竹谱和兰谱，王质编画梅谱、菊谱及草虫花鸟谱，由王概三兄弟依前编例，斟酌增删，历时十余年，同样雕版彩印，在康熙四十年（1701 年）作为《芥子园画谱》续编出版，分上、下二册。因此书广受欢迎，书商多方翻印，且将其分为两集，称《芥子园画谱》二集、三集。芥子园曾印行过大量有版画插图的小说戏曲，而这部五色套印本《芥子园画谱》，在绘、刻、印三方面都较前代画谱有大的提高，达到了新的境界，因而也最为美术史家所重视。

《芥子园画谱》书影

沈心友所作《芥子园画谱》例言中，说到有拟编写真秘传的打算，但未能实现，遂有书商将康熙年间画家丁皋所作肖像画技法专著《写真秘诀》与清乾隆年间画家上官周编绘《晚笑堂画传》拼凑成书，冒充《芥子园画谱》四集，于清嘉庆二十三年（1818 年）刊行。至清光绪年间，画家巢勋临摹《芥子园画谱》石印出版时，因不满意原第四集，遂将该集重编补辑，较旧本有价值，所以后世再翻印时，第四集多采用巢勋临本。

《芥子园画谱》第一集篇首的《青在堂画学浅说》，综述画理、画法，指引学画者循序渐进之路，并强调重品、去俗，即提升道德品格与人文素养，实际上是编纂全书的指导思想。书中又有多种言简意赅的口诀，于初学者大为便利，因而流传最广，成为清代以来影响最大、版本最多、印量最巨的中国画教材，学习国画者必备的入门之书。

李渔在编印《芥子园画谱》的同时，还曾翻刻过一部在中国出版史上占有重要地位的画谱，即明代后期诞生于南京的《十竹斋书画谱》。

十竹斋主人胡正言定居南京鸡笼山下，宅院中种竹十余竿，遂以为斋名。他能诗会画，制墨造纸，以出版为业，又精于篆刻，曾为南明弘光政权镌刻玉玺。从明万历四十七年（1619 年）开始刊刻《十竹斋书画谱》，到清康熙十三年（1674 年）91 岁去世，胡氏在金陵出版界的活动时间长达数十年，身边常年聚集着众多书画名家和雕版、印刷名匠，切磋琢磨，相互浸染，不但雕印出了著名的画谱，对于版刻图画技艺也有创造性的贡献。他的这种工作方式，对于金陵派版刻插图技艺的成熟，也有积极的影响。

《十竹斋书画谱》至明天启七年（1627 年）雕版完成，直至明崇祯六年（1633 年）才最终汇辑成册，前后历时 15 年。值得注意的是，它采用了一种新出现的图画彩印方法，即为每一种颜色的图案专刻一块版，甚至每一种颜色还要分成从浅到深的若干块版，然后从淡色到深色逐次套印或叠印，这才构成真正意义上的彩色套印。张秀民的《中国印刷史》中详细介绍了这种被明人称为“餖版”的套印方法：“餖版是很细致复杂的工作，先勾描全画，然后依画的本身，分成几部，称为摘套。一幅图画往往要刻三四十块板子，先后重印六七十次。把一朵花或一片叶，要分出颜色的深浅，阴阳向背，看起来好似北宋人的没骨画法。这样复制出来的画，最善于保持中国绘画的本色和精神，因为所用的颜料和宣纸，都是和原画所用的相同，具有民族艺术的特色。这种餖板彩印，在印刷史上又是一大飞跃。”同时十竹斋又采用了“拱花”技艺，即在木板上雕成图案纹线凹陷的阴版，经砑印使纸面图案拱起而富有立体感，不但雕工艰难，而且印工要求也极高。砑印之法，将宣纸拉到雕成的阴版上，覆以较薄的羊毛毡，再以木制拱花锤用力旋转挤砑，使形成的图形高出纸面。此法虽在宋代已见于记载，但工艺到此时完全成熟。成功的拱花作品，不用色彩，就能以浅浮雕的效果表现出生动的图案。

长期以来，研究者多认为餖版和拱花技法是胡正言所创造。然而，1963 年上海博物馆征集到的《萝轩变古笺谱》足本，使这一说法产生了争议。江宁人吴发祥刊印的《萝轩变古笺谱》，同样采用了餖板和拱花技艺，而且完成于明天启六年（1626 年），早于《十竹斋书画谱》。

《萝轩变古笺谱》的画面取材十分广泛，而且针对旧时笺纸“支离入俗”之弊，力求符合文人墨客的逸情雅致。吴发祥在为笺谱命名时，特别突出了“变古”，明确提出：“我辈无趋今而畔古，亦不必是古而非今。今所有余，雕琢期返于朴，古所不足，神明总存乎人。”敢于在继承传统“神明”的同时，对“古所不足”有所弥补。具体而言，就是摒弃前人的“藻绘争工”，以清新淡雅的象征手法来表现内蕴丰厚的典故，如“书船”一笺，以一只装载书画的小船，暗喻米芾的酷嗜书画、行止不离。

以萝轩为号的吴发祥，住在南京南郊牛首山下秦淮河畔，活到 80 岁以上，是位博学长者。据颜继祖“笺谱小引”，《萝轩变古笺谱》的绘、刻、印，均出于吴发祥之手。他“刻意标新，颛精集雅。删诗而作绘事，点缀生情；触景而摹简端，雕镂极巧。尺幅尽月露风云之态，连篇传禽虫花卉之名。大如楼阁关津，万千难穷其气象，细至盘盂剑佩，毫发倍见其精神。少许丹青，尽是匠心锦绣，若干曲折，却非依样葫芦”，所以这部笺谱“固翰苑之奇观，实文房之至宝”。然而，当年作者或乏于财力，印制不多，身居郊野，流传有限，故从未见于前人著录。这一种

《萝轩变古笺谱》书影

《十竹斋笺谱》书影

我国现存时代最早的笺谱，如今全谱仅存孤本，珍藏于上海博物馆，残本亦只日本藏有半部。

明崇祯十七年（1644年），胡正言又用同样技艺印行《十竹斋笺谱》，到清顺治二年（1645年），完成。胡正言也很喜欢花笺这种形式，与吴发祥的类乎创作自娱不同，胡正言每见绘画佳作，便刻印为花笺，流通于市，并先后印行过多种分类笺谱，最后才汇印为《十竹斋笺谱》。

《十竹斋笺谱》画幅虽不大，但结构谨严，匀称工整，细腻而不烦琐，明快而多变化，同样也是充分运用象征手法和简明形象表达传统历史故事，如"融梨"画盘中梨果以喻孔融让梨，"周莲"画莲花以喻周敦颐之爱莲，"举案"画几案以喻孟光、梁鸿举案齐眉，均不出现人物。其在刻工、印工上比《十竹斋书画谱》有进步，饾版、拱花技艺的运用也比《萝轩变古笺谱》为成熟，且增加了"掸"的手法，更丰富了墨色深、浅、干、湿的变化，逼近绘画效果。当时人称其"汇古今之名迹，集艺苑之大成，化旧翻新，穷工极变"，不但可做文人案头清玩，而且可供初学绘画者作范本临摹，因之"销于大江南北，时人争购"，不计工价，其影响远远超过了《萝轩变古笺谱》。

笺谱既装订成册，显然是为了便于保存。尽管胡正言的本意或只是展示笺纸制作的精湛工艺，但笺纸从书写的载体转而成为收藏的对象，很可能就是兴盛于此时。郑振铎先生在高度评价此谱"臻往古美术图案之绝诣"的同时，也指出它"集当世文士清玩之大成"。

从《萝轩变古笺谱》和《十竹斋书画谱》中饾版、拱花技艺的成熟程度来看，它们的产生应该还会更早一点，但在没有其他实证的情况下，应该确认这两种新技艺都是在晚明时期产生于南京。

李渔也曾翻刻《十竹斋笺谱》，虽下真迹一等，已臻难能之境。在《闲情偶寄》中，李渔专写了《笺简》一节，讨论花笺的图案，以能符合书信本义者为最妙，如鱼书、雁帛、竹刺、蕉叶等，并说到《芥子园名笺》已制成题石、书卷、剖竹、雪蕉等韵事笺八种，而织锦笺十种，笺印锦纹，留下空白处供写信，写满后就像一篇织锦回文。李渔对书坊盗版和抄袭行径大为恼火，声称他精心设计的这些笺帖形式“不许他人翻梓”，否则“誓当决一死战”。由此也可以看出当时花笺市场的兴盛。

明清戏曲艺术的杰作

明末清初，南京的戏曲艺术也出现了不朽的杰作。

明代末年，作为明王朝的南都、南明弘光王朝的首都，尤其是长期作为中国的文化中心，南京爆发了一幕幕慷慨激昂的爱国热潮。其中的主角，除了学者文士，还有一个特殊的群体即“秦淮八艳”。改朝换代多年之后，南明一代的兴亡故事仍令文人墨客不能忘情，各自寻找自己的倾诉方式。于是，余怀写出了《板桥杂记》，被推崇为青楼文化史的经典体例。除了直接与其挂钩的《续板桥杂记》《板桥杂记补》之外，后世仿作不断，可以列出一串长长的“板桥系列”。仅关于南京的，就还有《秦淮画舫录》《画舫余谭》《白门新柳记》并《补记》《白门衰柳附记》等。孔尚任写出了《桃花扇》，自矜为“南都信史”，被戏剧界认为与洪昇的《长生殿》齐名，赢得了“南洪北孔”之誉。

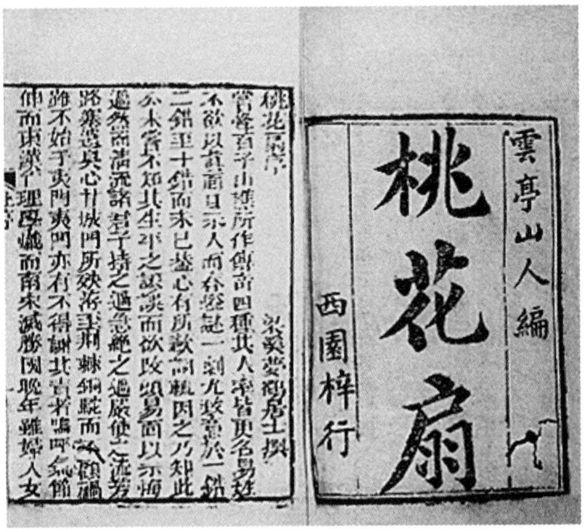

《桃花扇》书影

与余怀身为明遗民不同，孔尚任是孔子第六十四代孙，清康熙年间在御前讲经，受到清圣祖褒奖，破格授任国子监博士。但他决意用戏剧形式表现南明史事，“借离合之情，写兴亡之感”，以“明末四公子”之一侯朝宗和“秦淮八艳”之一李香君的悲欢离合为主线，展现明末南京的社会现实，表现东林、复社与权奸之间的斗争，揭露弘光小朝廷的政治腐败和衰亡原因。为此，他利用在淮扬任职的机会，寻访南明旧地，结交前朝遗民，包括同为“明末四公子”、娶了“秦淮八艳”中董小宛的冒襄，亲历弘光朝事的杜濬，《板桥杂记》的作者余怀。清康熙二十八年（1689 年）七月，他专门前往南京，乘画舫游秦淮河，过明故宫，拜明孝陵，游青溪；上虎踞关访明遗民画家龚贤，并在龚贤去世后为其料理丧事，收拾遗作；上栖霞山白云庵访前锦衣卫千户、道士张怡，也就是剧中的老道张瑶星，搜集了丰富的创作素材，也更为准确地把握了明末清初文人遗老的精神状态。“桃花扇底送南朝”，《桃花扇》在康熙三十八年（1699 年）完稿，被广为传抄，据说曾得清圣祖欣赏。康熙四十七年（1708 年）刊印出版。至晚清被视为颂扬民族气节的作品，革命义士用其激励反清精神，抗日战争时期又被用于激励抗击日寇的民族精神。

康熙年间，李渔创作的拟话本小说《无声戏》《十二楼》，有学者认为成就高于“三言”“二拍”。他的传奇作品《风筝误》《奈何天》《怜香伴》等脍炙人口，同样受到很高赞誉。在南京期间，他不但继续传奇的创作，还组织家庭戏班巡回表演，当时文化名流多在芥子园中观赏过李家班的演出。同为剧作家的尤侗说“南里北曲中，无不知李十郎者”。李渔对昆曲的发展起了不容忽视的作用。《笠翁传奇十种》（亦名《笠翁十种曲》）由翼圣堂刊印，其中的《比目鱼》《凰求凤》《慎鸾交》《巧团圆》就作于南京。李渔传奇作品的最大特色，是具有浓厚的喜剧色彩。他可以说是中国第一位专写喜剧的剧作家，且作品没有停留在供人消遣的层面，而是于“嬉笑诙谐之处，包含绝大文章”，能从不同角度和侧面，反映社会现实，展

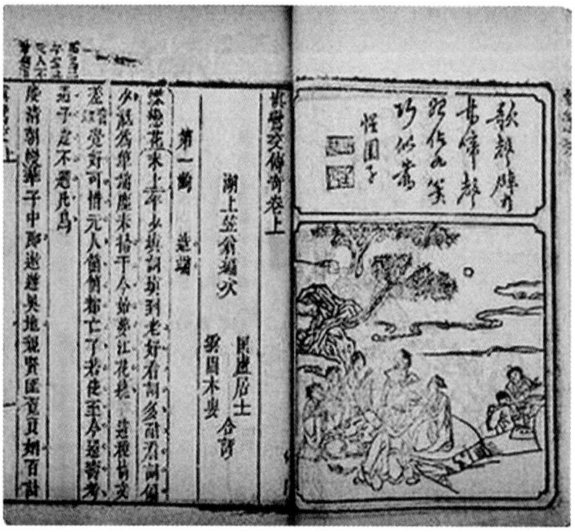

《笠翁传奇十种》书影

现时代特征，塑造鲜活人物。乾隆年间，李渔的作品已流传至日本，被翻译选编入书，其后又被介绍到欧洲，甚至被译成拉丁文。

长期寓居南京的李渔，在城南周处台附近建私家园林芥子园，经营芥子园和翼圣堂书铺，刊印自己编撰的《芥子园画谱》《闲情偶寄》及小说、戏曲著作，翻刻《十竹斋书画谱》《十竹斋笺谱》以外，还精刻精印《水浒传》《三国演义》《西游记》《金瓶梅》等名著，历来被视为善本。像李渔这样在小说、戏曲、美学、编辑出版、园林建筑等多方面成就卓著的文化人，在中国文化史上也是少见的。

重在实用的科技成就

六朝时期的科技贡献

中国古代科技研究中，最发达的是农学、数学、天文学和医学，可说都是偏重于实用的学科。其中最受统治者重视的是古代天文学，因为天象变化常与农业生产相关，会影响这个农业国度的经济命脉，更因为统治者信奉“天人感应”，各种天象往往被与国家政治相关联，甚至可能影响到政权的稳固。六朝科学家对于天文的探索取得了令人瞩目的成就，在天文机构设立、天文天象发现、历法编制等方面，都有重大的突破或创新，成为南京天文学发展的第一个高峰时期。

东吴太史令陈卓精于天文星象，吴亡后任西晋太史令，后重返江东，参与东晋立国，建武元年（317 年）任东晋太史令，从事天文研究 40 多年。他在前人研究的基础上，创建了全天恒星体系，包含 283 官、1565 颗星。陈卓的天文观测水平和星图、星表绘制技术，具有领先地位，足与西方学者并驾齐驱。这一体系在中国沿用 1000 多年，直到明末。

东晋成帝年间，虞喜在潜心研究天文历法时发现岁差现象，第一个计算出具体的岁差值 1/50 度，即每 50 年冬至点向西移动 1 度，精确度达到世界先进水平。

古天文仪器

南朝宋永初二年（421 年），在鸡笼山顶创建日观台（又称司天台），专设官员观天象，测风候，编制历法，预告祥瑞、灾害。何承天坚持观测天象 40 年，所制新历法在元嘉二十二年（445 年）颁行，史称《元嘉历》，达到当时的最高水平。大明年间，在国家最高科研学术机构总明观任职的祖冲之，发现《元嘉历》尚有疏漏，创制了较为精密的《大明历》，在闰月设置、应用岁差和计算交月点精确值等方面，做出重要贡献。因遭戴法兴等大臣反对，《大明历》直到祖冲之去世后的梁天监九年（510 年）才得以颁行。

研究天文学离不开数学，祖冲之也是杰出的数学家。他在前人研究的基础上，用简单的筹算工具，第一次将圆周率 π 的值精算到小数点后第七位，即在 3.1415926 和 3.1415927 之间，并提出其约率 22/7 和密率 355/113，这一密率领先欧洲一千年，为世界所公认，所以许多数学家主张把密率命名为“祖率”。国际天文学家联合会把月球上的一座环形山命名为“祖冲之环形山”。他的数学著作《缀术》直到唐代仍被作为教科书。他的儿子祖暅之、孙子祖皓在天文历算上也都有成就。

蒋兆和画：祖冲之像

祖冲之对科技的贡献是多方面的。经他改良的水碓磨，一直沿用到现代。他制造的指南车，以铜制机件传动，构造精巧，运转灵活，无论怎样转弯，木人的手总是指向南方。他还设计制造过“千里船”，一天能行百余里。

六朝时期的医药学家，几乎都身兼化学家，而道教的炼丹术则成为他们重要的研究途径。东晋道教学者葛洪也是重要的化学家和医药学家，所著《抱朴子・内篇》是研究中国古代化学史、医药学史、养生学和民俗学的重要典籍。书中介绍神仙方药和养生延年之事，对秦汉以来 30 多种炼丹文献作了提要式的介绍，又将散见于各炼丹师的丹方、丹经汇集起来，使六朝炼丹技术能在一个较高的基点起步。

葛洪炼丹的目的是求得长生不死药，客观上却成为制药化学的开端。他将炼丹过程中细致观察的结果记录下来，《抱朴子・内篇》中具体描绘

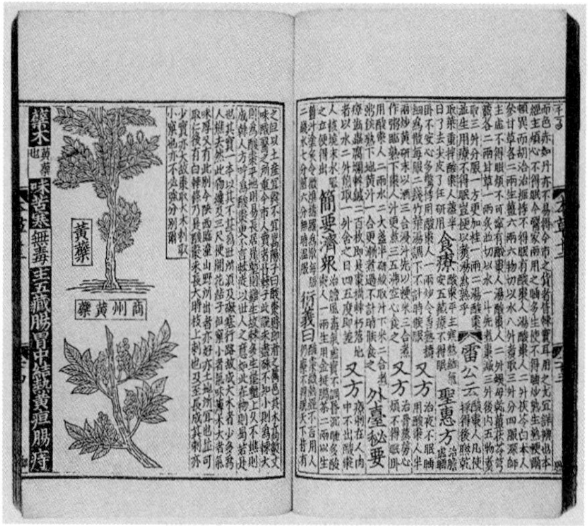

《本草经集注》书影

炼制金银丹药等方面的化学知识，也介绍了多种物质的性质和化学变化。在无数次的试验中，他得到了一些新发现，也扩大了化学药物的应用范围。所以炼丹术被视为近代化学的前身，也是化学的原始形式。

葛洪主张道士兼修医术，否则一旦“病痛及己”，便“无以攻疗”，更不要说长生成仙了。他编撰综合性医学著作《肘后备急方》4卷，书中关于疾病种类的描述和认识相当丰富，在诊断方法和治疗技术上也有创新，对天花、恙虫病等记述则为世界最早。许多药方都是他在行医、游历的过程中收集、筛选而得。他特为挑选那些易得或价廉的药物，改变过去救急药方不易懂、药物难找、价钱昂贵的弊端。他对多种药用植物的形态特征、生长习性、主要产地、入药部分及疗治作用作了详细说明，很大程度上影响到后世医药学的发展。他还用浅显易懂的文字介绍了各种灸法的应用。

同样作为道教领袖人物的陶弘景，历时30多年编撰《本草经集注》7卷，在保存前人药物知识的同时，阐发了个人研究所得的创造性见解，对许多药物的产地、鉴别、采集和疗效说明更加准确，是对中国医药学的重大贡献。他的编写体例也比较严谨，采用按药性分类的新分类法，改变了过去三品分类法标准不明、检索不便的状况，对药物学的发展产生了深远影响。他所辑《养性延命录》是一部重要的养生学著作。

明代天文观测与造船技术

明代是南京科技发展的第二个重要时期。明王朝对天文历法十分重视，朱元璋称帝之前已在南京设立太史监、太史院，颁行新历书。立国之初即将元大都（今北京）天文官员调往南京，成立司天监，专司天文历法事务。洪武三年（1370 年）易名钦天监，以元代郭守敬《授时历》为基础，编制《大统历法通轨》4 卷，颁行天下。钦天监且设回回历科，负责编制伊斯兰历书，以适应伊斯兰民族的宗教习俗。钦天监之名直沿用至清末。洪武十七年（1384 年），钦天监首造观星盘，观察星象变化。次年，又在南京北极阁设立观象台，并将郭守敬制造的天文仪器从元大都运往南京观象台。南京观象台的设立先于英国格林尼治天文台 290 年，是世界上设置最早的国家观象台。由于南北纬度不同，钦天监对一些仪器进行了调整，并于洪武二十四年（1391 年）新铸浑天仪。

北极阁旧影：明代钦天监故址

永乐迁都北京，钦天监仍留南京。正统七年（1442 年），以南京观象台为蓝本建造北京观星台，并将南京观象台的简仪等做成木样，在北京重铸。万历年间，利玛窦在南京观象台看到天球、日晷、相风轩、浑天仪、简仪等天文仪器，认为其规模与设计水平远远超过欧洲。

钦天监与观象台的天文定向技术，对永乐年间郑和七下西洋的成功有重要作用。当时先进航海技术中的天文定位，就是通过观测太阳星辰高度以测定航船位置，辨明航行方向。《郑和航海图》中附有 4 幅“过洋牵星图”，是我国现存时代最早、最具体完备的牵星术记录。郑和船队将天文航海与地文航海、罗盘指向、测量水深技术等有机结合起来，使我国航海技术达到了一个空前的高度。

被誉为“明初盛事”的郑和下西洋，在南京决策，从南京出发，所用船只主要由举世闻名的龙江宝船厂制造，赏赐品也多在南京生产，如丝纺织品由内织染局、供应机房织作。明代造船业组织完善，分工明确，

明版画：水操

管理规范，形成了专业化的工匠队伍和定型化的行业规模，就船型设计、模型制造、船坞设备、滑道下水等技术而言，已达到16世纪前世界木帆船建造的顶峰。撰著《中国科学技术史》的英国学者李约瑟，曾惊叹中国的造船业当时"远远走在欧洲的前面"。

南京的造船业具有悠久历史。六朝立国于东南水乡，面江临海，内部河湖港汊纵横交错，自然环境决定了水上交通的重要性，加上战争需要，造船业取得了前所未有的发展。宋《太平御览》记载，孙吴时期建业宫内可以造船300艘，一般的船都可以承载80匹马的重量自由航行。东吴水军战舰类型众多，结构坚固、速度轻快、能攻能守的中小型战舰获得了长足的发展。夏侯弼《吴都赋》中描绘东吴的大船，船上建楼可达数层，高峙河中，能令人生"风骇云浮"之感。东晋南朝从事商业运输的民用船只发展迅速，建康成为联系南方地区、长江中上游地区和北方地区的经济枢纽，并发展出多条海外航线。六朝造船业对推动江南地区的经济发展和商业兴旺起了重要的促进作用。一些能够增加航行速度和提高战斗力的动力机械开始在船上试验安装。科学家祖冲之发明的以机械推动的"千里船"，能日行百余里，制成后于新亭江面试航，大获成功，引起朝野轰动。南朝战舰上还装置了铜弩机，发射的弩箭强度大，射程远，大大增强了战舰的战斗力。

民国时期的科研中心

民国时期，全国性的科学研究机构多设置于南京，使南京一度成为中国的科研中心，名家荟萃，人才辈出，成果丰硕。

1914 年 6 月，美国康乃尔大学的中国留学生任鸿隽、胡适、赵元任、杨铨、周仁、胡明复、秉志、章元善、过探先、金邦正等发起组织中国科学社，集资编辑出版中国第一种自然科学杂志《科学》月刊。次年 10 月 25 日，中国科学社正式成立，任鸿隽任社长。因南京高等师范学校（东南大学前身）教务长郭秉文去欧美考查时曾延揽科学社成员，该社学成归国成员多半任教于南高师，1918 年中国科学社迁至南京，择址南高师附近的成贤街文德里，1919 年会员发展到 430 余人。中国科学社开风气之先，此后的各种科学学会，都曾受到中国科学社的影响。《科学》月刊也向读者传播了大量科学知识。蔡元培、马君武等十余位著名学者应邀担任中国科学社特别社员，“状元实业家”张謇和美国科学家爱迪生为名誉社员，徐世昌、黎元洪等 20 多位社会名流则担任赞助社员。

1922 年，中国科学社在文德里创建生物研究所，由秉志、胡先骕主持。这是中国民间学术团体所创设的第一个纯科学研究机构，一年经费仅 240 元，所址简陋，研究员最初都不领薪资。他们采集标本、购置图书、添设仪器，着手动、植物调查与研究，为推动中国现代生物学研究、培养人才及对外交流，做出了重要贡献。直到 1931 年，生物研究所才另建所址，后改名动植物研究所。

1932 年，中国科学社鉴于过去对南京的介绍多“文学之作”，而缺乏科学内容，遂将《科学》杂志所载有关南京的文章以及新约稿件，汇编成《科学的南京》一书出版，这是第一部系统汇集南京自然科学研究成果的文集，也是南京自然史、科研史方面的重要文献。

《科学的南京》共收文章 13 篇，有地理学家张其昀撰《南京之地理环境》，气象学家竺可桢撰《南京之气候》，语言学家赵元任撰《南京音系》，地质学家谢家荣撰《钟山地质及其与南京市井水供给之关系》，化学家王琎撰《南京之饮水问题》，鱼类学家张春霖撰《南京鱼类之调查》，林学家林刚撰《南京木本植物名录》，生物研究所所长秉志撰《南京自然史略》等。著作者皆为一时之选，而所研究问题也多直接关系到

中央研究院办事处旧影

城市建设与民众生活。中国科学社的诸多科学研究活动，都对中国科学事业的发展有很大促进作用。

孙中山先生在1924年就曾倡设中央学术院作为全国最高学术机构，并由汪精卫、杨铨起草计划，但终未实现。国民政府定都南京后，1927年5月即议定设立中央研究院筹备处，由蔡元培、李石曾、张人杰等为筹备委员。11月，中华民国大学院（后改称教育部）正式公布《中央研究院组织条例》，明确中央研究院为全国最高科学研究机构，大学院院长蔡元培兼任院长，杨铨兼任秘书，并决定先设立理化实业（后分为物理、化学、工程三所）、社会科学、地质三个研究所及观象台筹备处。观象台即设于北极阁明代观象台旧址。次年2月，观象台筹备处分为气象研究所与天文研究所。

1928年4月，特任蔡元培为国立中央研究院院长，下设总办事处、若干研究所及院评议会。评议会为全国最高学术评议机构，各所所长为当然评议员，聘任评议员经全国各国立研究院院长、大学校长选举产生，由国民政府聘任。研究员则有专任、兼任、特约三种。6月9日，国立中央研究院正式成立，院址在南京成贤街57号原法制局旧址，并添购58号民房为补充。因中央研究院创办成员多为中国科学社成员，所以继承了中国科学社在国际上的中国科学界代表地位，此后多次派代表参加国际学术会议，提高了中国在国际科学界的地位。

至1937年夏，中央研究院共成立物理、化学、工程、气象、天文、地理、社会科学、历史语言、心理、动植物等10个研究所，其中气象研究所在北极阁，天文研究所在鼓楼西侧，地质研究所在鸡鸣寺路，动植物研究所、社会科学所、历史语言所、中央研究院总办事处等都在鸡笼山下新建院址内。

抗战爆发后，中央研究院各研究所分别迁至重庆、桂林、昆明等地坚持工作，并新成立了医学、体质人类学、数学等研究所。1946 年 4 月，除动植物研究所迁往上海外，原在南京的一处六所仍回旧址。1947 年 10 月，中央研究院完成了以院士为主体、由院长主持、评议会负责学术评议、各研究所从事学术研究的体制建设。院士为终身荣誉职务，第一届当选院士 81 人。

中央研究院各研究所汇聚了大批杰出科学家，科研成果层出不穷，尤以地质、生物、天文、气象等方面为显著。

天文学家高鲁任天文研究所代所长。高鲁早有在紫金山建立现代天文台的设想，勘察选定钟山第一峰为台址，并请南京工务局工程师李宗侃设计。1928 年底，高鲁奉命出使法国，推荐厦门大学天文学家余青松接任。

1929 年秋，余青松到任，经多次实地勘察，发现紫金山自然地理条件并不适合建造天文台，但国民政府出于政治考量，认为国立第一天文台必须建在首都。余青松遂提出将天文台分建两处，一处在紫金山，侧重颁

“中央研究院成立第二十周年纪念会第一次院士会议”摄影

紫金山天文台赤道仪室

历授时和行星观测研究，一处另觅适宜地点，以求可对宇宙做全方位精确探索。这一折中方案得到蔡元培的赞同。后因经费困难，最终将天文台建在地势平坦、交通方便的紫金山第三峰。1934 年 9 月 1 日，我国自行建造的第一座现代天文台落成。历经战乱而侥存的明、清天文仪器，也从北京观象台迁入紫金山天文台陈列，昭示中国古代天文学的璀璨成就。张钰哲等天文学家即在此从事研究工作，紫金山天文台曾多次发现小行星和彗星，参与多项国际合作项目，为天文学研究做出了重要贡献。

气象学家竺可桢担任中央研究院气象研究所所长期间，建成了中国首个气象台和天气预报台，组建起全国气象站网，设立的测候所遍及全国，远至拉萨。他并运用无线电广播为公众提供气象服务，1930 年 3 月，中国人开始自主发布气象预报。同时修订完成的《南京之气候》一文，开我国地方气候研究之先河。竺可桢还主持气象类工具书、研究资料的编撰出版，召开全国气象会议，规范全国气象研究工作，为现代气象学和地理学的建立与发展做出重要贡献。

中央研究院气象研究所

地质学家李四光 1928 年担任地质研究所所长，从国内外多方招揽英才，壮大研究队伍，同时创办学术杂志《地质研究所同仁半月会》，及时交流研究成果，推动中国地质学的进步。地质研究所渐具规模，迅速改变了我国地质学基础薄弱的状况。身为中国地质力学的创始人，李四光在古生物学、冰川学研究上取得重大成就，在古生物原生门类研究、运用力学观点阐释地壳运动现象、探索地壳运动与矿产分布规律等方面，都赢得了国际声誉。他所著《中国地质学》1939 年在伦敦出版，引起强烈反响，得到李约瑟的高度评价。

誉满天下的名胜建筑

六朝园林与石刻

据史籍记载，六朝南京先后出现的皇家园林多达20多处。东吴有西苑（太子西池）、桂林苑、建平园、华林圃，东晋有西园、乌衣园，南朝宋有乐游苑和上林苑，齐有东宫内的玄圃园、青溪上的新林苑和芳林苑、玄武湖畔的芳乐苑和青林苑、赤石矶下的娄湖苑、钟山脚下的博望苑、新林的灵丘苑，梁又增加了秦淮河南岸的建兴苑、江潭苑……权臣贵胄私家园林也兴盛于六朝。一些私园的华丽甚至可媲美皇家园林。东晋权臣司马道子居宅豪华，在东府城中宅园内堆土成灵秀山。《晋书·会稽王道子》记载：“筑山穿池，列树竹木，功用巨万。道子使宫人为酒肆，沽卖于水侧，与亲昵乘船就之饮宴，以为笑乐。”晋安帝不知道灵秀山是人工堆成，说府内有山可供游览远眺，很难得啊，但也劝他不要修饰太过分。

同时还有为数众多的佛家园林。“南朝四百八十寺”，有相当一部分是权贵“舍宅为寺”，自然也就承继了原先的私家园林。至于兴建在深山幽谷之间的佛寺，所选寺址必为山水优胜之地。明人笔记中还提到南京佛寺，“若鸡鸣寺则坐鸡笼山，永庆寺则傍谢公墩，吉祥寺则负凤凰山，清凉寺则屏四望山，金陵寺则倚马鞍山，上瓦官寺则峙凤凰台，皆备登临之美。下瓦官寺在杏花村内，林木幽深，入其门令人生尘外想”。

尤其值得注意的是文人园林的出现。六朝时期山水诗、山水画的兴起，说明文人已将自然山水作为自觉的审美对象，并转化为艺术创作的源泉。顾恺之曾作《四时诗》：“春水满四泽，夏云多奇峰。秋月扬明辉，冬岭秀孤松。”对自然景物作了精炼的概括性描绘。谢灵运的“明月照积雪，朔风劲且哀”，“池塘生春草，园柳变鸣禽”，更将自然之美与感情抒发融为一体。作为绘画理论的“六法论”，对于园林艺术同样产生深远影响。宗炳所说的“目师山水，心师目，手师心”，“竖划三寸，当千仞之高，横墨数尺，体百里之远”，在庾信的《小园赋》中得到生动体现，

辟邪

“亩侧八九丈，纵横数十步，榆柳两三行，梨桃百余树”，“一寸两寸之鱼，三竿两竿之竹”的小园，显示出对自然淡泊、恬适精雅的自觉追求，为后世江南园林的文化风格开了先声。江南山清水秀，南京“城市山林”、山水兼备的自然地理环境，为造园者提供了广阔的用武之地，也有利于促进新的园林形态的生成。与秦汉宫苑相比较，六朝园林有着由大到小、由粗犷到精致、由豪奢到清雅的变化，追求天然的林泉风致，以借助和再现自然风光为园林主体，在有限空间内营造丰富的观赏意境，重在满足欣赏主体的心理需求。故此，六朝园林能蔚为一时之胜，其所显示出的审美观念转变，在中国园林发展史上具有划时代的重要地位。

六朝的地面建筑，几乎没有留下痕迹。遗存后世的六朝瑰宝，首推陵墓石刻。东吴唯孙权蒋陵在明孝陵前梅花山，未见碑铭；东晋帝陵十余处，因“不起坟”“不封不树”，所以能见到的只有南朝陵墓石刻。南京现存南朝陵墓 19 处，其中帝陵 3 处、王侯墓 9 处，另有失考墓 7 处。石刻有镇墓石兽、神道碑、神道石柱等。天禄、麒麟与辟邪三种镇墓石兽，形貌大略相似，体态魁伟，昂首挺胸，张口露齿，目露威光，腹刻双翼，四足交错而立，利爪毕现，区别在于兽头上的角：天禄双角，麒麟独角，辟邪无角。天禄与麒麟仅见于帝陵，王侯墓则只能用无角的辟邪。从宋至陈，石兽风格有一个由简朴趋于繁复的发展，在造型上经历了一个由苗条清秀而雄迈豪放又趋隽秀玲珑的变化，与六朝时期的社会风气和审美思潮有着密切的契合。

神道碑由碑额、碑身、龟趺三部分组成，现存以萧憺墓碑为完整，其形式上承东汉，碑首浑圆，饰以交相盘绕的双龙，碑额有穿孔，碑座为昂首龟趺。南朝立碑本少，像这样高过 5 米、重逾 10 吨的庞然大物，更为罕见。神道石柱也称阙，完整的一组应是东西对面而立的一对。现存萧景墓前西柱最富代表性，分柱础、柱体、柱盖三部分，玲珑秀丽、风姿绰约。柱体近柱盖处凿出长方形柱额，反书楷字（东柱应是正书），隽秀有力；柱端俯覆莲花宝盖，上立圆雕小辟邪一只。

南朝石刻群将传统的造型艺术与外来的佛教艺术自然交融，形成一种崭新的风貌，被公认为中世纪艺术的杰出代表。它兼收并蓄，承汉启唐，是中国雕塑艺术史上不可缺少的一环，现为全国重点保护文物。

位于紫金山南麓的南朝宋北郊坛，是我国有文字记载以来时代最古老、规模最宏大的地坛，名副其实的“天下第一坛”。北郊坛背倚钟山主峰，坛体取正南北方向，主体建筑由四层台面组成，台面外缘用加工过的山石垒砌成墙。坛体边长近 90 米，总面积逾 8000 平方米，最高处达 10 米以上，总体积超过 10 万立方米，高大陡峻，十分壮观。地坛主体平面上，还用较纯净的黄土加筑了 4 个近于方形的小坛，即古代礼制所规定的重坛。1999 年发现的南朝宋北郊坛，对研究古代郊祭礼仪制度及其演变有着不可估量的价值，也是六朝古都南京首次发现具有都城水平的大型六朝建筑，在六朝都城考古以至中国考古史上都具有非凡的意义。

栖霞山下创建于南朝齐、梁间的千佛崖，是南京六朝石刻最集中也最丰富之处。南朝齐明僧绍隐居栖霞山，临终舍宅为栖霞精舍，请法度禅师主持。其子明仲璋与法度禅师依山开凿石窟三圣殿，供奉西方三圣，是为千佛崖中开凿最早、规模最大的石窟。梁大同六年（540 年），据说石窟上突现佛光，遂引得王公贵胄纷纷前来凿石造像，纱帽峰以下、栖霞寺以上的大片山崖，上下横列佛龛 5 层，号称千佛，实有佛龛 294 座，摩崖造像 515 尊，高

栖霞寺千佛崖

者逾数丈，小者不盈尺。最后的石工殿中，塑造了一位擎锤持凿的石工造像。千佛崖佛像圆润精湛，生动秀丽，以其独特的风格，与同时代的北朝龙门石窟、云冈石窟遥相媲美，被誉为“江南的云冈石窟”，是中国石雕艺术中上承秦汉、下启隋唐的重要一环。

同在栖霞寺，山门外右侧的明征君碑，是唐高宗李治应明崇俨之请而立，以纪念其先祖明僧绍，也是南京仅存的唐代名碑。比碑记更珍奇的，是碑材上竟保存着大量生物化石，系距今 2.8 亿年前海相沉积形成的石灰岩（栖霞灰岩），给人以形象的沧海桑田之感。

栖霞寺藏经楼南面的 5 层 8 面密檐式舍利塔，是南京地区现存唯一的石舍利塔，始建于隋，初为木塔，至南唐重建，改以白石垒砌，造型秀雅，雕刻精湛，堪称唐宋之际江南石塔的代表作。

舍利塔由台基、塔身、塔顶三部分构成，通高 18 米。台基取须弥座式，底座之上，依次为基座、基坛和仰莲花座。基座分上下两层，立面浮雕海石榴和凤凰，平面刻鱼、龙、水波和花卉纹。基坛为束腰状八面形，前后四角柱雕力士，左右四角柱雕立龙，八面隔板浮雕佛本生故事。仰莲花座上即是塔身。第一层塔身相当高大，同样以石柱隔成八面，南北两面浮雕门户，西面浮雕普贤菩萨骑白象图，东面文殊菩萨骑青狮图已毁，其余四面作高浮雕天王像。塔檐下横楣浮雕飞天、乐天、供养人等。第二层以上塔身渐次缩减，每层各面均凿两个圆拱形佛龛，内雕一尊跏趺坐佛。塔檐五层仿木结构，上作瓦垅和垂脊。现各层腰檐均有缺损，塔顶莲花形石刹柱是 1930 年卢树森、刘敦桢二先生重修时所复原。

帝王陵寝与文人园墅

中华门外祖堂山下的南唐二陵，是江南最大的地下宫殿。烈祖李昪钦陵在东，中主李璟顺陵在西，其间相隔约 50 米。钦陵规模较大，分前、中、后 3 个主墓室，共有主侧室 13 间，所有倚柱、斗拱、立枋等均饰以彩绘图案，是我国现存时代较早的建筑彩绘。中室与后室之间有石门，门楣浮雕双龙攫珠，左右两壁各有一尊守陵武士石刻，原都涂金饰彩。后室停放李昪及皇后宋氏棺椁，室顶石板上绘有彩色天象图，有日月星斗大小 100 多颗，地面石板则刻有蜿蜒曲折的河流，象征地理图。

顺陵中安葬的是中主李璟及皇后钟氏，形制与钦陵大致相似，但因其时南唐已向北方的后周称臣，故而规制稍小。主侧11间墓室全系砖砌，结构装饰和彩绘图案都已失去了钦陵那种富丽雄伟的气象。

夫子庙河房旧影

南京城里现存古建筑，已只有明清建筑。不过，在明清建筑形式中，理应存在对前代建筑合理成分的承袭。前文曾说到“十里秦淮”两岸的河房形式，是宋代枯水时期市民为占据河道建房而创造出来的。又如明清建筑中很突出的风火墙（马头墙），以及两幢建筑之间专设的火巷，很可能就是从多次城市大火中吸取教训而创造出来的。

明代初年严禁奢侈，对官民住宅的间架形制都有严格规定，公侯不过七间九架，平民居宅不得超过三间五架，且不许用斗拱、饰彩色。南京明清建筑多轴线、多进穿堂式、小院落的特点，含蓄收敛、不事张扬的特点，明显受到这一规定的影响。同时都城之内不许营造园林，明令禁止侵占拆迁商铺民居以建功臣豪宅园墅。永乐年间迁都北京，到明代中期禁令渐弛，南京城里才开始出现官绅私家园林，但也多择址于城市边缘的山明水秀之区，如中华门西凤凰台一带，清凉山、乌龙潭一带，白鹭洲和莫愁湖等处。明人笔记中说到姚元白造市隐园，请教于顾东桥，顾东桥只说了六个字：“多栽树，少建屋。”所以市隐园在明人园林中最得“疏野之趣”。这六个字可谓文人园林审美情趣的高度概括，造园者有意识地探寻自然之美，创造自然之美，强调自然山水与人为建筑的主从关系，追求身心与外物的相协交感。

清康熙年间，李渔在南京造芥子园，园名取“须弥芥子”之意，而

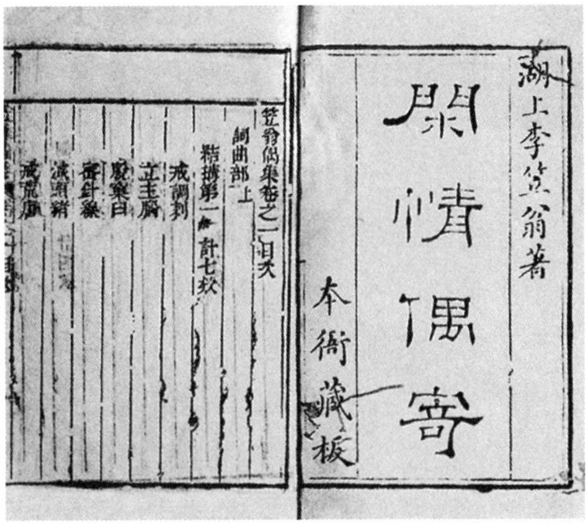
《闲情偶寄》书影

以小见大、以小喻大正是文人造园精义。李渔对自己的园林艺术极自负，曾说“生平有两绝技”，“一则辨审音乐，一则置造园亭……因地制宜，不拘成见，一榱一桷，必全出自己裁，使经其地入其室者，如读湖上笠翁之书，虽乏高才，颇饶别致”。他完成于南京的《闲情偶寄》，也是一部重要的造园理论著作。在《闲情偶寄》的《居室部》中，他不厌其烦地举出芥子园中实例以证明他独到的园林美学精髓。李渔生性巧慧，胸有丘壑，而且周游全国时留心考察各地名园建筑，积累了满肚子的泉石经纶。他又注重实践，代人营建过数处园林。芥子园是他一生中居住最久的地方，也是他从事艺术活动的主要场所，自然悉心经营。李渔的朋友尤侗曾说：“入芥子园者，见所未见；读《闲情偶寄》者，闻所未闻。”现代造园大师童隽也说李渔“为真通其技之人”。

近现代以来的多次战乱，使南京明清名园毁损殆尽。根基幸存而得以修复的，只有煦园、瞻园、愚园等寥寥数处。重要的明代遗址，除城墙之外，也只剩下一座明孝陵。明孝陵是开国皇帝朱元璋和皇后马氏的合葬墓，作为中国明代陵寝之首，也代表了明初建筑和石刻艺术的最高成就。明孝陵在制度设计上自成一格，废弃了既往帝陵所用的方上、灵台、方垣、上下宫制度，新辟圜丘、方城、明楼、享殿以及长方形陵宫等新体制。这一新体制为北京明十三陵、湖北明显陵等所沿用，并成为清代帝陵制度的主要基础。明孝陵的总体布局尤有特点，下马坊、大金门、神道、棂星门等前部设施，不在陵宫主体的南北中轴线上，而是依自然地形蜿蜒曲折，体现了朱元璋讲求实用的思想。明孝陵以墓主显赫、壮观宏伟、形制独特、环境优美而闻名遐迩，2003 年联合国教科文组织世界遗产委员会第二十七届会议决定，将明孝陵列入“世界文化遗产名录”。

“民国建筑看南京”

在南京历史建筑中，近现代建筑的地位越来越显重要，“民国建筑看南京”，已成为人们的共识。

近现代建筑中最易引起人们关注的，是中山大道沿线的“大屋顶”部院建筑和颐和路一带的公馆、使领馆建筑。其实南京的近现代建筑，远不止于这两种类型。晚清洋务运动以来的近现代工业交通遗产，如雨花台下的金陵机器制造局，下关的火车站、中山码头、电厂、江南邮政管理局、和记洋行、扬子饭店等，已陆续得到了应有的保护。此外还有电影院、剧院、书场、歌舞厅等娱乐休闲性建筑，有银行、邮局、商场、书店等金融商业建筑，旅馆、饭店、酒楼、茶社、瓮堂浴室等服务行业建筑，以及中、低层民居小区等，同样各有特色。

总统府建筑群是20世纪初中西建筑文化碰撞交融的典型产物。太平天国败亡后重建的两江总督署，主体仍为对称严谨的中国传统衙署建筑，但清代末任两江总督张人骏，受当时模仿西式建筑风潮的影响，1910年竟在煦园内建造起一座法国文艺复兴风格的西花厅，坐北朝南，面阔七间，有着圆拱形装饰的长廊、西方古典式立柱和花纹点缀，厅前还有一组几何图案布局的西式小花园。孙中山先生曾以此作为临时大总统办公室。

国民政府定都南京后，对这一组建筑进行了改造维修，拆除了原两江总督衙署的门厅和东、西辕门。1929年重建的国民政府大门，采用西方古典门廊式建筑，立面为古罗马爱奥尼柱式构图，三道拱形门，门的上端有线脚装饰的檐口。有趣的是，大门对面又按照传统建筑格局，建造起一面西洋装饰风格的中式大照壁。

国民政府旧影

进入大门，迎面是传统殿宇式样的大堂，灰瓦红柱，青砖铺地，与大门形成强烈反差。据说这里就是天朝宫殿中金龙殿的位置。穿堂前行，中式长廊两侧是东、西暖阁，1912年元旦，孙中山先生就在这暖阁中宣告中华民国成立，并宣誓就任中华民国临时大总统。后暖阁被改造成了礼堂和参军处。二堂大厅是外事活动场所。二堂后的一幢西式平房，系1917年冯国璋任副总统时所建，门前五级彩色磨石台阶，是民国政要会见宾客后的摄影处，其东厅是总统休息室和会客室，西厅作为外宾接待处。再穿过一段中式长廊，是一座西洋柱式、券廊拱门、铸铁花栏的不中不西的二层建筑，这是北洋军阀时期建造的办公楼。楼后是一个狭小的内院，矗立着1935年底建成的子超楼，因国民政府主席林森字子超而得名。

子超楼为全钢筋水泥结构，主体五层，局部六层，是20世纪30年代“新民族形式”建设的代表作之一，造型简洁明快，色调和谐，且采用了宽大的玻璃钢窗，毫不逊于同时代的西方新式建筑。子超楼二楼当时作为国民政府主席办公室，1948年后成为正、副总统办公室。

总统府的这一组建筑，跨越半个世纪，兼容东西两方，难得的是其保留着鲜明的时代特征，而又集合为统一的整体，恍如一个近现代建筑博览馆，也可以视为南京建筑形态变化历程的一个缩影。

1927年至1937年间大规模的首都建设，被称为南京城市建设的“黄金十年”。全国著名的建筑师和营造商齐聚南京，各显神通。尤其是一批学有所成的中国留学生归国，一批中国建筑设计师的成长，使中国现代建筑进入了一个全新时期。这一时期所出现的代表作品，被称作“新民族形式”或“现代民族形式”建筑。其主要特征是割舍了中国传统的“大屋顶”，而代之以钢筋混凝土平屋顶或现代屋架两坡屋顶，平面组合和立体构图常采用简洁对称的西方现代样式，在细部处理上则保持传统的装饰线脚。它超越了盲目复古与简单模仿，较好地解决了传统建筑与现代技术、材料、功能的矛盾，进入了创新领域，形成了既有现代气息又具传统特色的风格，逐渐成为影响全国的时尚。南京新民族形式建筑的代表作，有中山陵音乐台、紫金山天文台、中央体育场、中央医院主楼、国民大会堂、国立美术馆、外交部大楼、大华大剧院等。建筑艺术上新民族形式的产生，为民国南京的建筑文化增添了最富光彩的亮色，也是中国现代建筑史上的一支优美旋律。

巧夺天工的非遗技艺

南京云锦：童子攀枝莲妆花缎

古往今来，南京产生了品类丰繁的非物质文化遗产，截至2016年，列入联合国教科文组织“人类非物质文化遗产代表作名录”的有南京云锦织造技艺、中国雕版印刷技艺（金陵刻经印刷技艺）、中国剪纸（南京剪纸）、中国古琴艺术（金陵琴派）等4项，列入国家级“非物质文化遗产名录”的有秦淮灯会、南京金箔锻制技艺等6项，列入省级“非物质文化遗产名录”的有43项，市级“非物质文化遗产名录”的有91项。

南京云锦

云锦堪称丝织的最高技艺。南京丝织的源头可以远溯东吴。随着中原居民南迁，江南发展蚕桑业的优越自然条件得以充分利用，丝织技术也不断提高。东晋义熙十三年（417年）已在建康设立专门管理织锦的锦署。云锦生产则肇始于元、成熟于明、昌盛于清。元世祖至元十七年（1280年）在南京设东、西织染局。明承元制，在南京设内织染局之外，又有神帛堂和供应机房，“岁造有定数”，每年都有固定的生产指标，织锦工艺日臻完善，形成丝织提花锦缎的地方特色。清代分设于江宁、苏州、杭州的江南三织造，向皇家供应的重中之重便是云锦。明、清两代作为御用贡品生产的南京云锦，在元代金锦的基础上又有重大发展和创造，产生了库缎、织金、织锦、妆花几大品类，尤其妆花新技法，艺术成就非常高，成为南京云锦中独具特色的代表品种。大面积地应用各种金银线交织于一件彩锦中，更使整件织物显得金彩辉映、瑰丽灿烂、典雅高贵。云锦不但工艺复杂，而且每一道工序都相当于一次再创作，取得了高雅而不俗、对比强烈而不刺激的效果。南京云锦以其高超的技艺和丰富的内涵，位列四大名锦之首，在2006年列入首批国家级“非物质文化遗产名录”，2009年9月成功入选联合国“人类非物质文化遗产代表作名录”。

雕版印刷

中国的雕版印刷技艺始于晚唐五代，兴盛于宋，其时江南成为国家的经济中心，文化地位蒸蒸日上，南京也成为重要的图书集散地。明代建都南京，朱元璋对文化教育事业的重视，官方对宋、元旧书版的征集与修补利用，内府刻本、南监本的雕印出版等举措，直接推动了出版事业的发展。永乐迁都北京，南京并没有丧失其经济、文化中心的地位，大批知识分子聚合于此，直接影响江南以至全国的文化风气，南京的雕版印刷业也趋于鼎盛。

南京书坊多集中在三山街一带，现可考的明代书坊多达93家，比同为出版中心的建阳多出9家，其他地区更是望尘莫及。其中，唐氏有富春堂、文林阁、广庆堂、世德堂等15家；周氏有万卷楼、大业堂、大有堂等14家；陈氏继志斋、汪氏环翠堂、吴氏萝轩、胡氏十竹斋更是享誉一时、影响深远的名坊。明万历年间，南京与苏州出版的图书占了全国图书市场的七成，无疑为最重要的出版中心。

南京书坊运作的一大特色，是引进安徽等地的刻工、插图画家以及出版家。如安徽休宁（今新安）出版家汪廷讷寓居金陵，设环翠堂书肆，请徽派绘画名家汪耕、钱贡等作画，徽州名工操刀，画风富丽堂皇，纤微入妙，刀法繁简适中，婉细遒劲，冠绝一时。十竹斋主人胡正言，同是安徽休宁人，身边聚集了众多名画家和名刻工，不但雕印出了著名的《十竹斋书画谱》《十竹斋笺谱》，对于版刻图画技艺也有创造性的贡献。他们不仅将新安派的版刻艺术直接在南京展示，而且以商业竞争的态势，有效地促成了金陵派与新安派版刻技艺的交融，推动了金陵派版刻技艺的进步。引进人才而非引进产品的优越，毋庸多说，能够做到这一条，得益于南京宽松的文化环境。南京雕版印刷技艺也因此而呈现出兼容并蓄、百花争艳的局面。本土出版家吴发祥也以餖版和拱花技艺雕印出版了《萝轩变古笺谱》。金陵派版刻技艺生机勃发，经久不衰。清初芥子园雕印的《芥子园画谱》和名著典籍，同样为人所重，直到清代中期仍有佳作问世。

太平天国定都期间，南京出版业遭到灭顶之灾。清同治五年(1866年)，近代佛教复兴奠基人杨仁山在南京创办的金陵刻经处，是其时第一个融收藏、雕版、印刷、流通及研究于一体的佛经出版机构，也是延续中国传统雕版印刷技艺的重要基地。

金陵刻经处印行的经书，多由南京名工雕印，因写版、雕版、刷印、装订都有严格规范，精工考究，被佛教信众称为“金陵本”。光绪年间，杨仁山以古代名家所绘菩萨像为底本，请名刻工镌刻十八块大型佛像版，精缕细雕，庄严华妙，不失原作精神，堪谓当时佛教版画的最高成就，也是近现代版画史上的瑰宝，现已被定为国家级保护文物。晚清、民国年间，许多文化名人捐款请金陵刻经处代为雕印佛经，影响最大的是鲁迅先生曾捐刻《百喻经》。为金陵刻经处雕刻经版、佛像的姜文卿，也常为刘承干、缪荃孙、吴梅、卢前等学者雕印书籍。

金陵刻经处雕印的佛像

金陵刻经处的藏经库中，收藏有佛教经版12.5万块，是全国佛典图像雕版的总汇，其中金陵刻经处所刻经版4.7万多块，可见其地位之重要。现金陵刻经处内仍保留着传统的佛经雕版、刷印、装订技艺，是蜚声海内外的汉文佛教经典出版机构。金陵刻经印刷技艺于 2009 年 9 月成功入选联合国“人类非物质文化遗产代表作名录”。

金箔金线

南京栖霞龙潭一带，是中国金箔生产的发源地。金箔锻制技艺的产生，与六朝佛教盛行有密切关系。“南朝四百八十寺”，作为江南佛教中心的南京，众多寺庙中的佛像装成金身，需要消耗大量黄金，贴用薄如蝉翼的金箔，可以使装饰佛像的用金量降到最低，且同样达到金光灿灿的效果。千百年来，金箔锻制工艺日益成熟，其应用也被推广到社会生活的多个方面，如建筑装饰、字号标牌、工艺制作等，并且传播到国外。南京的金箔产量占到全世界金箔用量的一半以上。2006 年 5 月，南京金箔锻制工艺被列入第一批国家级“非物质文化遗产名录”。

金箔锻制，从黄金配比、化金条、拍叶、做捻子、落金开子、沾金捻子、打金开子、装开子、炕炕，到打了戏、出具、切箔，前后有十几道工艺，要经过 4 公斤重的锤子数万次的锤打，才能打出厚度仅 0.12 微米的金箔，柔如丝绸，轻若鸿毛。1 克黄金锻打出的金箔，展开能覆盖 0.5 平方米多。锻打时须用特制的乌金纸包裹黄金，才能最大限度地发挥黄金的延展性能。这种纸具有很强的抗冲击性与耐热性，经数万次的锤打不会破损，且能反复使用达 50 回。乌金纸的制造也是一种特殊的技艺。锻打成的金箔，切割和取用也都需要高超的技艺，因金箔极其轻薄，操作者呼吸稍重便会将其吹散，所以需要艺人练就一种本领，一口气去吹 3 根并排点燃的蜡烛，吹灭其中 1 根，而其他两根纹风不动。

明代为满足云锦织金工艺的需要，产生了制作金钱的技艺。将金箔裱到特殊的纸张上，用雨花玛瑙砑光后，切成 0.5 毫米左右的窄条，然后捻成可供纺织的金线，又有 12 道工艺。制作龙袍的金线，还有特殊要求，须将金线与蚕丝缠绕，更为复杂。

秦淮灯会

同样被列入首批国家级“非物质文化遗产名录”的秦淮灯会，是灯彩技艺与民俗活动的一种有机组合。

民国年间夫子庙灯市

秦淮灯彩是我国传统灯彩艺术的重要流派，也是南京最具代表性的民间艺术之一。据说三国东吴就曾在岁时节庆中张挂彩灯，东晋诗人习凿齿、南朝梁简文帝萧纲都有咏灯笼的诗歌流传。隋代以来，元宵节张灯、赏灯渐成为“十里秦淮”两岸重要的节俗活动，唐代且将元宵观灯延展到3天。从南唐画家董源的画作中，可以看到节日气氛中的巨型灯笼。此后观灯日又增加到5天、6天，到明太祖朱元璋，为了借灯会促商贸，推动经济发展，竟将灯节延长到10天，形成民间初八上灯、十八落灯的习俗。花灯品种多达数十种，小到荷花、南瓜、兔子、青蛙，大到龙凤、麒麟、大象、骏马，宫前、闹市，搭建彩楼，各色花灯，无奇不有。秦淮河上的游船张灯结彩，有“秦淮灯船甲天下”之誉。彩灯上又布置有字谜、画谜，猜谜更为观灯增添了一分趣味。南京制作的夹纱灯、羊角灯等，还销往安徽、浙江等地区。清代，南京花灯的品种发展到300种以上，形成了秦淮花灯色彩瑰丽明快、造型简约夸张、趣味大俗大雅的特点。张灯赏灯、买灯卖灯的地点，从门西评事街到门东夫子庙，届时游人如织，摩肩接踵，人手一灯，“正月十五闹元宵”的“闹”，全靠花灯映照。

秦淮灯彩制作，全凭心灵手巧，前后数十道工序，汲取了绘画、书法、剪纸、皮影、刺绣、雕塑等多种艺术之长。其中有些是南京独有的，如扎制材料不用铅丝篾条，以纸捻为绳索的纸扎工艺。灯彩匠人一代代薪火相传，各有绝技，绵延不断，营造出五彩缤纷的花灯世界，也使以秦淮灯彩为主体的元宵灯会，成为南京民俗文化活动的重要品牌。

多元共生的文化特色

南京建城近2500年，其中建都史达400多年，不过，真正显示南京特出历史地位和文化史地位的，是它的建都历史前后跨度之大，非其他古都可比。自东吴肇建，到辛亥定都，一千七八百年间，每隔几百年就有新朝代在南京崛起，从封建社会前期，直到民主革命时期。这种藕断丝连式的绵延不息，体现出一种顽强的生命力，或者说一种再生能力。在历史长河中，像南京这样能够不断复兴的都市，很难找到类比。

更重要的是，南京的每一次复兴，其意义远不止于一个城市的复兴，而是为中华民族、中华文明的复兴，提供一个坚实的基地。南京的几个建都时期，都是中国社会面临大动乱、大分裂，中华民族处于危难之际，中华文明的传承遭遇断裂的危险。六朝时期，南北对峙，北朝史称“五胡十六国”，战乱不断，而在南京建都的东晋南朝，禅让承续，政权相对稳定，经济繁荣，思想活跃，文化艺术、科学技术都得到长足的发展。南唐建都南京的五代十国时期，形势与此相类似，六七十年间，北方五代更替，南方诸国分域而治，相对长久，南唐且是其中国土最大、实力最强的一个。元朝后期，一方面军阀混战，一方面农民起义群雄逐鹿，最后是以南京为基地的朱元璋建立了大明王朝。清朝末年，人心思变，辛亥革命爆发，新生的中华民国又一次选择了南京。元和清这两个少数民族建立的统一王朝，都是被在南京兴起的新政权所终结。

可以说，在中华文明史上，南京这个都市，有着存亡续绝的重要作用。

城市功能区对应区域文化

在广袤的中华国土上，南京这个城市一次又一次被选中，不会是偶然的。而究其原因，则仁者见仁，智者见智，多种说法，各有道理。从城市文化的角度而言，南京兼容并蓄、多元共生的文化特色，不容忽略。正是这样的文化氛围，有利于城市接纳新事物，吸收新元素，包容新成员，也就有利于新王朝的进入与振兴。

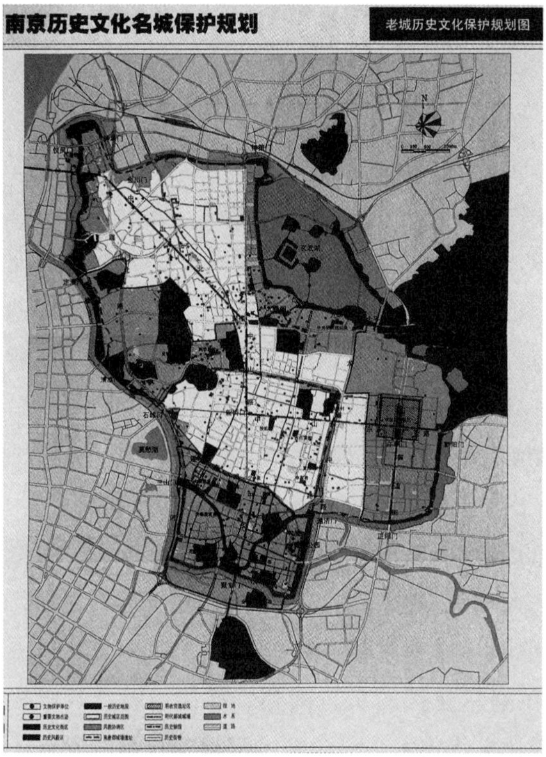

《南京历史文化名城保护规划》中的老城历史文化保护规划图

这一文化氛围的形成，得益于南京城市发展进程中，不断跨越式发展，功能分区明确而稳定，不同的城市功能决定了区域文化的形成，两者之间的依存关系十分明显，而长期的文化积淀，又影响到相应区域的城市建设和风貌特征。

2500年来的南京城市建设，值得认真研究、借鉴弘扬的内容很多，如善于利用自然山水、维护生态的传统，跨江发展、面向大海的胸怀，尊重原住民权益的原则，保老城建新城、跨越式发展的优势等。而功能分区明确这一重要特点，更是从六朝建都即已形成，明代建都的跨越式发展，为城市提供了充裕的生长空间，使各个功能区再次得到明确区分。我们今天面对的南京老城，明代宫城区、城南居民区和清凉山—鼓楼文化区三个历史城区，由此形成，直到民国年间尚未大变。也正是基于这不同功能的历史城区，产生了钟山文化、秦淮文化、清凉山文化等各具特色的文化层面。

钟山文化的内涵与外延

南京号称六朝古都，十朝都会，作为都城的最重要标志，是政治中心的皇宫区。近年来的考古发掘已经证实，六朝台城的中心区域，就在民国总统府一带，太平天国天朝宫殿与六朝台城大片叠合。南唐皇宫区位置稍偏南，其北垣距台城南垣不过一箭之地。明代皇宫区位置偏东，其西垣与台城东垣仅一水之隔。在延续多朝的古都中，政治中心区能像南京这样高度集中，也是很少见的。这一政治功能区位于南京老城区的东部，正好处在钟山及其城内余脉覆舟山、鸡笼山和玄武湖的环抱之中。而同样被视为都城重要标志的祭坛、皇家园林、敕建寺庙、帝王陵寝，以及宫城区周边的官府衙署和环护帝王陵寝的功臣墓葬，主要也分布在这一片区内。这一区域的城市空间格局和历史遗址分布，依然可以显示出宏伟的古都气势。

基于这一功能区的文化层面，命名为钟山文化，自然无可非议。

钟山文化的内涵，首先就是南京的政治文化，或者可以说都城文化层面。尤须强调的是，南京号称十朝都会，但民国建都，与此前的九朝建都，意义是完全不同的。

1912 年元旦，孙中山先生在南京宣告中华民国成立，并宣誓就任中华民国临时大总统。中华民国不但是中华大地上第一个民主共和国，也是亚洲的第一个民主共和国。中华民国的成立，标志着中国长达数千年之久的封建统治，从此终结。这是南京历史上极为辉煌的一页。孙中山史无前例地宣布，国家元首的地位是国民的公仆，职责是为国民服务，并在就职时向全国国民宣誓，要“以忠于国，为众服务”。同样，在南京制定的中国有史以来第一部宪法——《中华民国临时约法》，明确提出国家是由人民组成的，主权属于国民全体，并规定“人民一律平等，无种族、阶级、宗教之区别”，宣布人民享有七项自由权，其中包括“言论、著作、刊行及集会、结社之自由”、“书信秘密之自由”，甚至规定“人民有请愿于议会之权”，如此种种，都具有划时代的进步意义。

所以，钟山文化的亮点，是民国建都。中华民国总统府与明故宫、天王府，中山陵与孙权陵、明孝陵，其政治意义不可同日而语。有幸的是，在这一文化区域内，保存最好的历史文化遗存，正是总统府和中山陵，以及民国建都衍生出的一系列重要建筑设施。“民国文化看南京”，最值得看的一条线路就在钟山文化区域内。

同时，钟山文化的空间范畴，包括现已作为一体规划的钟山与玄武湖风景区，也就是南京“人文绿都”的重要构成部分，“山水城林”的城市生态，在这里得到充分展示。此外，钟山曾经是六朝佛教文化的中心，钟山上下还保存着古往今来数以百计的人文景观和风景名胜，这些同样是“钟山文化”中不可忽略的重要资源。

秦淮文化与民生民俗

秦淮文化的中心区域，位于南京老城南部，也就是人们常说的“十里秦淮”两岸。从长干里到门西、门东，是南京最悠久、最集中也最典型的市民生活区。就像一株生长了两千多年的大树，枝繁叶茂，而脉络分明，至今还较好地保存着历史街巷体系，让人能清楚地看出它的生长过程。这是南京持续发展最长久的文化区域，也是南京成为历史文化名城的基础，是南京的“根”。市民是城市得以保持其延续性的基本力量，一座城市可以没有皇宫，但不能没有市民。秦淮文化的光彩，不仅在于历史街区、传统建筑，更在于与之不可分割的市民文化，或者说民生文化。

从城南的老地名看，可谓百业俱全。不过明清时期，南京市民赖以为生的主要行业，可以归纳为两大支柱产业：一个是以云锦业为代表的手工业作坊与商铺，另一个可称为科举服务行业。正是这两大产业，影响着南京市民的生活方式与行为习惯。

“秣陵之民善织”，“秦淮之水宜染”。南京丝织业源远流长，与苏州、杭州一样是中国特种锦缎的重要生产地。云锦行业对南京的影响，远不止于留下了锦绣坊、罗帛地、丝市口、颜料坊、大行宫等地名。《同治上江两县志》记载，“乾、嘉间机以三万余计，其后稍稍零落，然犹万七八千”。徐仲杰的《南京云锦史》中则说：“至道光年间，单缎机（包括花、素缎，主要是素缎）即发展至三万多台。纱、绸、绒、绫等机尚不在内。总计城厢内外各类丝织机总数已达五万多台。机杼之声，比户相闻。”据此估算，当时直接、间接的丝织从业者不下十万人，而南京人口不过三四十万。其时云锦销售地区遍及全国，年产值高达白银二百余万两，南京的经济文化繁荣可以说离不开云锦。

第二是科举服务行业。明清两代，夫子庙地区的贡院是江苏、安徽两省的考场，每届应考者常多达两万人。科考三年一度，八月举行，称“秋闱”，但古代交通不便，外地考生多在南京逗留数月，甚至提前一年即到南京复习备考。在这里，一则可以读到“马二先生”们选评的“墨卷”

之类辅导材料，二则可以拜访名师求教，三则可以通过考生间的交流切磋提高应试能力。数以万计的应试者，长期居留，衣食住行，游学交际，方方面面的生活需要，促成了以夫子庙为中心的“一条龙”服务行业，可以说是相当成熟的第三产业。秦淮河畔图书、文具、古玩的兴盛，茶楼、酒馆的密集，画舫、灯船的繁华，船菜、茶点的精致，以至“秦淮八艳”的出现，都说明从业者努力提高文化素养以适应被服务者，所以吴敬梓以一句富于诗意的语言做概括：“金陵菜佣酒保，都有六朝烟水气。”云锦与科举，共同孕育出的最高文化成果，无疑是《红楼梦》。此外还有反映明清之交史事的《桃花扇》，揭露科举弊端陋习的《儒林外史》。清末废科举以后，这一行业顺利转型，成为文化娱乐和旅游服务业。应该说，这是一种非常难得的传统。今天我们尚能耳闻目睹的秦淮文化，从街巷肌理、建筑格局、民风节俗，到传统商业、手工业和服务业，仍然或多或少地保存着这两大行业的痕迹。

清凉山文化的开阔襟怀

“钟山龙蟠，石头虎踞。”石头山今称清凉山，其余脉南至汉中路，东抵中山路，北近下关，正当南京老城区的西部。清凉山可以说是南京城市的发祥地。楚威王建于石头山的金陵邑，是南京老城区内第一个行政建置。六朝石头城与台城规模相当，是都城建康最大的两个建筑群之一，更是兵家必争的军事重地。金陵、石城由此成为南京最常用的别称。南唐兴建的石头清凉大道场，是皇家避暑行宫和法眼宗祖庭。丰厚的历史积淀，逐渐转化为一种文化象征，成为志士仁人追前怀古之寄托。明代中期，崇正书院因状元焦竑而名扬天下，龚贤、方苞、袁枚、魏源等先后定居，清凉山至鼓楼一带渐成人文渊薮。特别是近现代百余年间，立志变革图强的有识之士萃聚，闪现出瑰丽的人文精神与进步思想光华。现代高等院校和科研文化机构亦纷纷择址于此，分布之密集在全国名列前茅，使清凉山文化在今天仍不失为南京文化的制高点。

南京从东吴建都开始，就是个跨江发展、面向大海的襟怀开阔的城市。中国四大古都中，唯一具有海洋文化因子的，就是南京。这是南京文化传统中又一个重要的优势。东吴的远航船队，南下南洋，北上渤海，最早与台湾建立联系的大陆船队，就是由石头城下起航的。东晋南朝石头城下，曾迎送过数以百计的外交使节。明初郑和七下西洋，所用航船多出自龙江宝船厂。鸦片战争后，定居清凉山麓的思想家魏源，进一步弘扬江海文化传统，所著《海国图志》对中国的洋务运动、维新变法以至辛亥革命产生重要影响。

随着秦淮河入江口的北移，南京的江海文化地标也延伸到下关地区。晚清洋务运动中，下关地区迅速崛起，成为现代工业交通中心，也成为南京最早进入现代城市的区域，且再一次拉伸了城市发展的骨架。作为洋务运动对内变革、对外开放重要实验基地的南京，在硬件和软件两方面都得到长足发展，而正是开放图强的精神和现代城市的建设，奠定了辛亥定都的思想和物质基础。

多元多彩　和谐共生

因为南京城内的三大功能区域不相覆盖，三个文化层面不可替代，造成人们对南京城市文化认识上的困惑。长期以来，谈起南京城市文化，总让人感到特点不是那么明显，难以全面概括。也有人有意无意地只论其一，不问其二，同样不能对南京文化有一个准确的认识。

实际上，南京城市文化的最大特色，正是这种多层面、多中心的多元架构。其中的每一个层面，都是不可或缺、不容忽略的。文化贵在多元，包容才能强盛，而尤为可贵的是，南京不同文化层面的存在，并没有造成城市的文化裂痕，而是在长期的和谐共生中，相互交融，相互促进，最终形成了多元多彩的城市文化和宽容宽厚的文化氛围，滋养出文化高原的群体优势，也是最有利于高峰崛起的态势。

按照美国城市理论家刘易斯·芒福德的说法，城市的三个基本使命，就是贮存文化、流传文化和创造文化（《城市发展史》译者序）。所以，我们重视城市所贮存、所流传的历史文化遗产，并不仅仅为着一个历史文化名城的“名”，更因为它是城市“创造文化”的基础，是城市未来科学发展、和谐发展、持续发展最可宝贵的实实在在的资源。

国务院在对南京城市总体规划的批复中，给南京的城市定位是：“著名古都、江苏省省会、长江下游重要的中心城市。”被定位为“著名古都”

的中国城市，只有两个，一个是北京，一个是南京。南京有着60万年的人类开发史、近2500年的建城史、近450年的建都史，悠久的历史为我们这座城市留下了丰富多彩的文化遗产。充分认识南京的城市文化特色和优秀文化传统，有利于保护和利用历史文化资源，立足高端，因势利导，创造机遇，促进城市的可持续发展，提高城市的凝聚力。南京这片文化高原上，必将崛起无愧时代的璀璨高峰。

后　记

从2000年写作《家住六朝烟水间》开始，我倾心力于南京历史文化研究，至今已出版相关图书12种，有见情见性的散文随笔，有力求严谨的学术专著，也有编辑点校的旧文古籍。

尽管如此，撰写这本《读南京》，对于我仍然是一个挑战。卢海鸣先生邀我加盟这一套“品读南京”丛书时，我曾犹豫再三。丛书的设想固然很好，但丛书体例的要求，对于作者就是一种限制，而以大众普及读物的方式，全面、系统阐述南京历史文化，并非易事，也是我未曾尝试过的。我最终接受了这个工作，一方面，是有感于南京出版社多年来坚持弘扬南京文化的执着精神，我应该以实际行动给予支持；一方面，作为一个长期生活于南京的文化人，也应该尽我所能回报这座城市。卢海鸣先生数次与我磋商本书的结构纲目，几位编辑精心编校与设计制作，经过前后一年的努力，才将此本奉呈给各位读者。

以此书短小的篇幅，自然难以展现南京文化的博大精深。我希望它能激发更多读者对南京、对南京文化的兴趣与关爱，提升市民的自豪感，增强城市的凝聚力，为美好家园的建设发展添砖加瓦。

薛　冰